나를 괴롭히는 자책감이 사라지는 책

나를 괴롭히는 자책감이
사라지는 책

네모토 히로유키 지음 이정은 옮김

홍익출판 미디어그룹

목차

제7장
그들은 어떻게 자책감에서 해방되었나?

나는 왜 나 자신을
용서하지 못할까?

다음과 같은 문제들에 공감하는지 체크해보기 바랍니다.

- ☐ 무슨 일이든 자기 탓이라고 생각하면서 스스로에게 "나는 안 돼!"
  라고 말하는 버릇이 있다.

- ☐ 과거에 행한 일들 중에서 후회되는 것들이 너무나 많다.

- ☐ 일이 잘 풀리지 않으면 '운이 없어서 그렇다'라고 생각해버린다.

- ☐ 그게 아니라면 잘 풀리지 않는 일에 항상 남 탓을 한다.

- ☐ 일이든 연애든 무리해서 지나치게 매달리는 경향이 있다.

☐ 주변의 친한 사람들에게 이유 없이 미안함을 느낀다.

☐ 소중한 사람들에게 상처를 줄 것 같아 두려움을 느낀다.

☐ 막연히 '나는 행복해져서는 안 된다'라고 생각할 때가 많다.

☐ 남을 도와주지 못한 일에 대한 아픈 기억이 있다.

☐ 무슨 일이 생기면 나 자신을 먼저 탓하는 버릇이 있다.

☐ 타인의 기대에 과도하게 맞추려는 경향이 있다.

☐ 사람들의 감사나 애정을 순순히 받아들이기가 어렵다.

☐ 나는 사랑받을 자격이 없다고 생각한다.

☐ 아무리 노력해도 제대로 보상받지 못한 느낌이 든다.

위에 열거한 감정들은 마음속에 '자책감(自責感)'이라는 독버섯이 도사리고 있을 때 자주 일어나는 일들입니다. 자책감은 스스로를 꾸짖고 책망하는 감정으로 우리의 삶에 매우 중요한 영향을 끼칩니다. 이것이 마음속에 우뚝 버티고 서 있으면 우리는 스스로가 행복해지는 걸 용납할 수 없게 됩니다.

문제는 누군가에게 상처를 주고 느끼는 가벼운 자책감이라면 자각하기가 쉽지만, 그렇지 않은 자책감의 경우에는 자신의 마음속에 그런 독버섯이 존재한다는 사실조차 알아차리지 못할 때가 많다는 점입니다.

나는 지난 20년 가까이 심리상담사로 활동하면서 많은 사람들을 만나왔습니다. 그런데 상담자들이 안고 있는 고통 중에서 가장 큰 문제의 하나가 바로 자책감으로, 너무도 많은 사람들이 스스로를 책망하는 감정을 껴안은 채 고통스럽게 살고 있다는 사실을 알게 되었습니다.

행복을 갉아먹는 자책감을 벗어던져라

자책감에 길들여져 있으면 스스로에게 끝없이 벌을 가하는 것으로도 모자라 절대로 행복하게 될 수 없는 길을 무의식적으로 선택하게 됩니다. 분명히 자신의 의지를 담아 선택한 일인데도 한참 일을 진행하다보면 왠지 자신이 상처를 받고 있는 듯하고, 결국엔 전혀 행복을 느낄 수 없는 상황에 빠지고 맙니다.

"어디에 있든 인간관계가 잘 풀리지 않는다."

"최선을 다해 성과를 내려고 하는데 이상하게 일이 항상 꼬이기만 한다."

"연인과 항상 싸움만 해서 피곤하다."

"아이에게 걸핏하면 화를 내서 결코 좋은 엄마가 될 수 없을 것 같은 생각이 든다."

"사람들과 친밀한 관계를 맺고 싶다가도 가까워질 만하면 도망치고 만다. 왜 그럴까?"

분명한 사실은 자책감이라는 감정의 틀에서 조금씩 벗어나 자기 자신을 용서하다보면, 이전에는 발목을 잡고 흔들던 일들이 좋은 방향으로 해결되어 간다는 것입니다.

자책감은 완전히 뿌리를 내려서 고착화된 감정이 아니라 마음만 먹으면 얼마든지 긍정적인 방향으로 개선해나갈 수 있는 감정입니다.

따라서 남아 있는 열쇠는 우리의 마음에서 어떻게 자책감을 추방할 것인지, 그 방법을 알아보는 것입니다. 나는 바로 그 지점에서 당신과 만나기 위해 이 책을 썼습니다.

사랑이라는 감정에 마음을 향하게 하라

나는 이 책에서 자책감의 이면에 무엇이 도사리고 있는지를 심리학적 측면에서 규명하려고 합니다.

엄마가 아이에 대해 자책감을 느낀다면 아이를 정말로 사랑하기 때문에 그런 감정에 시달리는 것입니다. 인간관계에서 생기는 문제를 자신의 탓으로 돌리는 것도 사람들을 진심으로 사랑하기 때문이고, 소중한 사람에게 상처를 줄 것 같아서 두려움을 느끼는 것이나 타인의 기대에 과도하게 맞추는 것은 상대에 대한 배려가 앞서기 때문입니다.

자책감이 별것 아닌 일로부터 생겨난 감정이므로 무조건 깡그리 무시하거나 없애버리자고 말하는 게 아닙니다. 가벼운 자책감은 오히려 자신을 다독이며 좀 더 따뜻한 사람이 되게 하는 긍정적인 면이 있습니다.

나는 이 책을 통해 우리의 의식을 자책감의 이면에 숨어 있는 사랑에 향하게 함으로써, 자신을 긍정적으로 받아들이고 훨씬 편안하게 살아갈 수 있는 길로 안내하고자 합니다.

자책감의 늪에 빠져서 암울하게 지내왔던 당신이 이 감정으로부터 해방될 수 있도록, 그리고 본래의 당신답게 행복한 인생을 살아가는 데 도움을 줄 수 있다면 좋겠습니다.

네모토 히로유키 根本 裕幸

제1장

왜 나는 나도 모르게 내 탓을 할까?

모두 내 탓이야…

01
행복과 계속 멀어지는
선택을 하는 이유

나는 왜 나를 용서할 수 없을까?

심리학의 금언 중에 "만약 당신이 지금 행복을 느낄 수 없다면 그것은 스스로를 용서하지 않기 때문이다"라는 말이 있습니다. 당신이 불행한 이유가 무엇이든 간에 마음속으로 자책감을 느끼기 때문에, 자신이 행복해지는 상황을 용납할 수 없게 된다는 뜻입니다.

자책감은 어떤 행위를 하면서 그것을 죄가 될 만한 짓이라고 느끼는 감정을 말합니다. 자책감은 '내가 나쁘다', '내 탓이다'라고 느끼는 확실한 감정부터 잠재의식 깊숙한 곳에 숨어서 스스로를 벌하도록 끊임없이 꿈틀대는 것들까지 여러 형태를 띠고 있습니다.

사실 잠재의식 깊숙이 잠자고 있는 자책감은 알아차리기가 어렵습니다. 그렇기 때문에 심리상담사들은 내담자들이 말하는 자책감의 모습을 눈여겨봅니다. 자책감에 시달리는 사람들은 대개 이렇게 말합니다.

"왜 나는 행복해질 수 없는 연애만 자꾸 반복하는 것일까?"

"왜 나에게 상처를 주는 직장에 계속 다니고 있는 것일까?"

"왜 항상 보상도 받지 못하는 일만 반복하는 것일까?"

"왜 나 자신의 가치를 믿지 못한 채 행복해질 수 없는 인간관계만을 거듭하고 있는 것일까?"

"왜 그를 너무나 좋아하면서도 그 사랑에 대해 자신감을 갖지 못하는 것일까?"

나는 내담자들의 말을 들으며 이렇게 권고하곤 합니다.

"혹시라도 그런 감정 안에 자책감이 숨어 있지는 않은지 찾아보기 바랍니다."

이 말의 의미는 살면서 행하는 모든 일에 '내 탓'이라는 굴레를 씌우고 있는 건 아닌지 돌아보라는 뜻입니다. 앞에 예시

제1장 I 왜 나는 나도 모르게 내 탓을 할까?

된 질문들 중에 하나라도 당신에게 해당되는 사항이 있다면, '나도 자책감 때문에 항상 나에게 힘든 선택을 하고 있는 건 아닐까?' 하는 마음으로 찬찬히 자신을 돌아보기 바랍니다. 이 책은 바로 그런 당신을 위해 치유의 방법을 안내하고자 만들어졌으니 말입니다.

POINT

행복을 느낄 수 없는 마음 뒤편에는 자책감이 숨어 있어 스스로를 용서하기 힘든 상황으로 만드는 건지 모른다. 그러니 부정적인 감정에 휩싸인다면 '내게 자책감이 있을지 모른다'라는 관점으로 자신을 바라보자.

PLUS 1.
잠재의식 깊은 곳에 숨어 있는 자책감

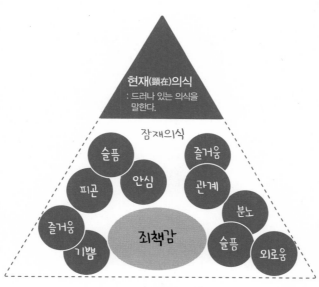

　잠재의식 속에는 슬픔, 피곤, 죄책감, 분노, 외로움 등
온갖 부정적인 감정이 숨어 있다. 이러한 부정적인 감정이
현재의 감정으로 이어지게 되면 '나'는 진짜 슬프고, 피곤하고,
우울하고, 외로운 사람이 되어버린다.

02

나는 벌을 받아 마땅하다고
말하는 사람

보이지 않는 손으로 삶을 좌지우지하는 악당

자책감은 스스로 의식하든 그렇지 않든 자신을 행복하지 않은 길로 끝없이 잡아끕니다. 스스로 벌을 받아 마땅한 존재라고 생각하게 만들고 자신에게 계속 상처를 입히게 합니다.

　그것은 마치 범죄를 저지른 사람이 가혹한 벌을 받고 있는 상황과 흡사합니다. 다만 다른 점은 공정한 판정을 내릴 재판 관도, 당신을 변호할 변호사도 없이, 단지 벌을 가하는 냉혹한 집행자만 존재할 뿐이라는 점입니다. 그 집행자는 바로 자책감에 빠져 더욱 엄한 벌에 처해야 한다고 주장하는 당신입니다.

어느 심리학자는 이렇게 말했습니다.

"만약 사람에게서 자책감이라는 감정만 없앤다면 누구나 아무 이유 없이 행복해질 수 있을 것이다."

이렇듯 자책감은 강력한 영향력을 가지며 보이지 않는 손으로 우리의 삶을 좌지우지하는 악당입니다. 그런데 왜 인간의 삶에는 이처럼 '스스로를 행복하지 않도록 만드는 감정'이 생기게 된 것일까요?

예를 들어 축구에는, 골키퍼 이외의 선수가 손으로 공을 건드려서는 안 된다는 규칙이 있습니다. 또한 고의로 상대팀 선수의 진로를 방해하면 반칙이 되고, 최악의 경우에는 레드카드를 받고 퇴장을 당하게 됩니다.

경기에 참여하는 모든 선수들이 손을 사용하면 더 편리하겠지만, 그만큼 재미는 사라지고 말 것입니다. 하지만 생각해보면 오히려 축구에 이처럼 엄정한 규칙이나 규제가 존재하기 때문에 보는 이들이 재미와 기쁨을 더 느낄 수 있는 것입니다.

요즘 직장인 사회에서는 연말이 되면 송년회를 술이나 마시며 흥청망청 보내는 게 아니라 볼링장에서 흠뻑 땀을 흘린 후에 간단히 식사하고 헤어지는 일이 많다고 합니다. 그런데 볼링장 주인이 사람들을 향해 이렇게 말한다고 상상해보십시오.

"올해도 열심히 일한 여러분을 위해 특별 서비스로 모든 분이 300점 만점을 받을 수 있도록 전력을 다해 돕겠습니다. 여러분이 볼링공을 던지는 순간 앞에 서 있는 스태프들이 손으로 모든 핀을 쓰러뜨릴 것입니다."

이런 상황이라면 정말 볼링을 치고 싶은 마음이 생길까요?

볼링이든, 축구든, 인터넷 게임이든, 잘하지 못하니 재미있는 것이고 패배하니 다음을 기약하자는 희망을 가질 수 있는 것입니다. 규칙이나 제한은 자유를 속박하기 때문에 때에 따라서는 스트레스의 원인이 되기도 하지만, 그 덕분에 게임이 더 재미있어지고 드라마 같은 일이 생기는 것입니다.

자책감도 마찬가지입니다. 살면서 겪는 실망이나 좌절감 같은 부정적인 감정 또한 우리의 삶을 조금 더 풍요롭게 만들기 위한 마음의 장치 같은 것이 아니겠습니까?

POINT

우리는 자책감 탓에 스스로에게 가혹한 형벌을 내린다. 그러나 이것을 인생을 보다 재미있게 만들기 위해 신이 만든 하나의 규칙이라고 생각해보자. 처음엔 어색할지도 모르지만, 그만큼 마음의 그늘이 차츰 사라지는 것을 느낄 수 있다.

자책감이 있기에
행복감도 느낄 수 있다

인생이라는 드라마에서 빠져서는 안 되는 감정

규칙이나 규제가 게임을 재미있게 만드는 요건이라는 점에서 부터 의식을 넓혀서 '나는 지금 인생이라는 게임을 하고 있는 프로게이머'라고 생각해보기 바랍니다.

인생 자체가 너무 단순하고 무료해진다면, 도리어 성취감을 느낄 만한 일들이 사라져 인생 자체가 재미없어집니다. 그렇게 생각해보면 인생이라는 긴 게임에서 규칙이나 제한으로 존재하는 요소가 바로 자책감인 셈입니다.

결국 자책감이라는 감정은 우리를 괴롭히고 계속 고민에 빠지게 만들지만, 한편으로는 인생이라는 게임을 보다 드라마틱하게 만드는 하나의 조건이라고 할 수도 있습니다.

자책감을 질병에 빗대어 말하자면 일종의 '지병(持病)' 같은 것이라고 할 수 있습니다. 지병이란 오래도록 낫지 않아 고치기 힘든 병으로 고혈압이나 당뇨병 같은 병을 말합니다. 이 만성질환들은 한 번 발병하면 고치기 힘들지만 증상에 대해 잘 숙지하고 의사의 처방에 충실히 따르기만 하면 평생을 함께하면서도 건강하게 지낼 수 있습니다.

이와 마찬가지로 자책감 때문에 행복해질 수 없다고 생각하지 말고, 오히려 자책감의 존재를 받아들면서 그곳에서부터 삶의 행복을 느낄 수 있는 법을 찾아내기 바랍니다.

POINT

자책감을 보다 재미있게 살기 위한 하나의 규칙이라 생각하고, 그것을 없애려고 노력하기보다는 멋지게 어울려 지내는 법을 배우는 편이 좋다.

04
나는 누구를 위한
삶을 살고 있는가?

자책감은 더 큰 자책감을 부른다

자책감이라는 감정은 무거운 짐에 비유할 수 있는데 문제는 그 짐이 너무 많다는 것입니다. 예를 들어 당신이 회사에서 어느 팀에 소속되어 프로젝트를 진행하게 되었다고 가정해봅시다. 팀장은 스케줄이나 진행 상황을 체크하며 진두지휘하고 팀원들은 각자에게 할당된 일을 맡고 있습니다.

물론 당신에게도 배당된 업무가 있지만, 팀의 막내이기 때문에 누구보다 더 적극적으로 참여하지 않으면 안 될 것 같은 마음이 듭니다. 그래서 선배가 뭔가 잘 안 풀리는 듯 보이면 냉큼 달려가 먼저 그 일을 해주겠다고 하고, 또 다른 선배가 일정상 해내기 힘든 상황에 놓여 있을 때는 자진해서 도와주겠다고 나섭니다.

물론 그로 인한 결과는 뻔합니다. 당신의 업무량은 일상의 모든 것을 압박할 정도가 되어가고 당신은 매일 잔업하는 것으로도 부족해 휴일에도 출근해서 일을 해야 합니다.

그런 상황에서도 눈치 없는 선배가 도움을 청하면 하던 일을 팽개치고 달려들어 그가 만족할 때까지 일을 합니다. 그러자니 누적된 피로는 당연히 회복되지 않고, 업무 스트레스는 점점 쌓여가는데도 자신의 능력이 부족한 탓이라 여기면서 스스로를 더욱 몰아붙여 갑니다.

과연 누구를 위한 직장생활입니까?

또 하나의 예를 들겠습니다. 당신은 아내와 두 명의 아이가 있는 한 가정의 가장입니다. 당신은 무척 열심히 일하는 타입으로, 가족에게 안정감을 줌과 동시에 육아로 지친 아내에 대한 배려도 소홀히 하지 않고 있습니다.

업무로 인해 지쳐 있어도 아이가 "아빠! 공원에 놀러가요!"라고 말하면 몸은 쉬고 싶어도 "그래! 알았다!"라고 대답하며 아이를 자전거에 태우고 공원에 갑니다.

집에 돌아오면 아내가 조금이라도 편할 수 있도록 집안일을 도와줍니다. 그리고 아내가 "아이의 숙제를 봐줘요!"라고 말하면 알겠다며 즉시 아이 방으로 달려갑니다. 그런 당신의 행동은 주변에 매우 이상적인 아버지로 보이고, 아내도 분명히 당신에게 감사해할 것입니다.

당신도 이런 일들을 당연하다고 여깁니다. 그래서 직장에서의 과중한 업무로 몸이 쉬라는 신호를 보내는데도 안타깝게 그 소리를 자꾸 무시하며 휴식을 나중으로 미뤄버립니다.

이유는 일을 인생의 우선순위 맨 앞에 두었기 때문입니다. 스스로 감당하기 어려운 짐을 떠안고 살아가는 것이기에 마음은 점점 비명을 질러댑니다. 그 소리는 분명히 당신의 귀에도 들릴 것입니다. 하지만 아직은 일에 삶을 더 투자해야 된다고 믿기에 생각을 바꿀 엄두를 내지 못합니다.

사실 그렇게 사는 것은 멋진 일입니다. 그러나 자신의 마음이나 몸의 소리를 무시하면서까지 많은 짐을 짊어지고 있다면 그것은 누구에게도 도움이 되지 않는 어리석은 일입니다.

만약 당신이 쓰러지기라도 하면 주위사람들이 무슨 생각을 하겠습니까? 그들은 제때에 당신의 '직진 인생'을 막아서지 않은 걸 후회하며 심한 자책감에 사로잡힐 것입니다.

당신이 자책감으로 많은 짐을 짊어지는 것은 결과적으로 주위사람들에게도 똑같은 감정을 느끼게 만드는 일이 되는 것입니다. 그런 심리 상황을 보여주는 에피소드가 하나 있습니다.

당신이 나누는 것은 기쁨인가? 자책감인가?

당신은 친구들을 집에 초대해서 파티를 열기로 하고 모두가 즐길 수 있도록 전날부터 맛있는 소고기 스튜를 끓여 대접하기로 했습니다. 아주 많은 친구들이 모이기에 만들어야 하는 양도 엄청났습니다.

모두가 모여 수다를 떨고 있는 동안에도 당신은 그들의 떠드는 소리에 기뻐하면서 스프를 완성해가고 있었습니다. 그리고 "이제 다 됐다!"라며 모두를 식탁에 불러 모은 뒤 멋진 접시에 차례대로 스튜를 담아서 나누어주었습니다. 그들은 "정말 맛있다, 최고야!"라는 말을 연발하면서 몇 번이나 스튜를 더 달라고 합니다.

당신은 사람들의 폭발적인 반응에 너무 기뻐하며 "더 드세요!"라고 말합니다. 그러자 사람들은 계속해서 더 달라고 접시를 내밉니다.

그때 당신의 배 속에서 갑자기 꼬르륵 소리가 납니다. 그 소리를 들은 주위사람들이 의아한 얼굴을 하면서 당신에게 "너는 안 먹었어?"라고 물어옵니다. 당신의 대답은 이렇습니다.

"아니, 모두가 맛있게 먹는 얼굴만 봐도 좋아서 챙겨먹는 걸 잊고 있었어. 나는 대충 먹으면 되니 신경 쓰지 마."

하지만 당신의 말을 들은 모두의 표정은 점차 어두워집니다.

"미안해, 네 생각을 하지 못하고 나는 세 접시나 먹었어."

이렇게 말하는 친구도 있습니다. 그래서 그런지 그 자리의 분위기는 왠지 점점 가라앉고 맙니다.

당신이 사랑받는 것이 먼저다

당신이 모두를 위해 스튜를 만들고 주위사람들을 행복하게 해준 것까지는 좋았지만, 자신의 공복감을 참으면서까지 한 행동에 오히려 사람들은 겸연쩍어합니다.

당신은 아마도 단지 즐거움을 나누고 싶다고 생각했을 것입니다. 그렇지만 결과적으로 모두에게 자책감을 나눈 꼴이 되어버리고 말았습니다.

당신은 단순히 희생적인 마음으로 '나는 괜찮으니 모두가 행복해지길 바란다'라고 생각했지만, 그들은 '당신도 같이 행복해지자'라고 생각했던 것입니다. 당신은 다른 사람들이 보내는 '사랑'을 받아들이지 못했습니다.

　자책감으로부터 해방되기 위해서는 '받는 행위'가 열쇠가 됩니다. 모두가 보내는 애정 어린 '감사'를 적극적으로 받아들이라는 것입니다. 그 사랑을 받게 되면 당신은 지금보다도 더욱 편하게 당신다운 능력을 발휘할 수 있게 됩니다.

　스튜를 당신의 접시에 넘칠 듯이 담아서 "와! 정말 맛있다! 진짜 맛있는데? 나 요리 천재인가 봐! 얼른들 먹어!"라며 스스로 기뻐하고 즐거워해야 합니다. 그것이 진정으로 행복을 나누는 행위입니다.

　다시 말해서 남에게 나눠주는 즐거움에 그치지 말고 그러한 행위에 당신 자신을 항상 포함시켜야 한다는 얘기입니다. 그러지 않은 나눔은 단지 가식에 지나지 않을지도 모릅니다.

POINT

'누군가를 위해서'라며 노력하는 것은 멋진 일이지만, 그것에 자신을 희생하는 게 전제되어 있다면 아무리 선의로 행한 행위라도 결과적으로 상대에게 자책감을 야기하는 행동이 된다.

PLUS 2.
자책감을 쌓아두면 주변에 뿌리게 된다

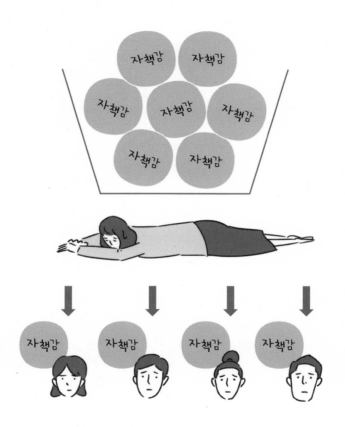

자책감은 새로운 자책감을 만들고 다시 주변 사람들에게 전달하는
악순환의 고리를 만든다. 더욱이 자책감은 아주 사소한 행위도
모두 '내 탓'으로 돌리는 상황에 익숙해지게 만들어,
우리가 부정적인 감정에서 벗어나지 못하게 한다.

자책감을 가지고 있다는
사실을 인정하라

자책감 때문에 생긴 16가지 마음의 징후들

"내가 더 나쁘다."

"모든 게 다 내 탓이다."

"나는 벌을 받아 마땅하다."

이런 말을 입에 달고 살아가는 사람들이 많습니다. 때로는 자신에게 자책감이라는 감정이 전혀 없는 것처럼 보일 수도 있지만, 사실은 누구나 예외 없이 마음속에 자책감이라는 감정이 뿌리내리고 있다는 점을 알아야 합니다.

그렇기에 '자책감이 있다 = 좋지 못한 것'이라는 식으로 해석하는 것은 위험합니다. 자책감은 당연히 있어야 하는 감정이기에 오히려 그 존재를 인정하고 공존해나갈 수 있는 방법을 생각해야 합니다.

우선 여기서는 자책감의 징후에 대해 알아보고자 합니다. 우리가 자책감이라는 감정을 어떤 식으로 표출하는지를 알아야 그에 대한 해결책도 찾을 수 있기 때문입니다.

> **징후 1** 이따금 '나는 행복해져서는 안 된다'라는 마음이 든다

막연하게라도 이런 생각을 한 적이 있다면 당신의 잠재의식 안에 자책감이 숨어 있다는 신호일 수 있습니다. 자책감이 당신에게 '너는 행복해질 자격이 없어!'라고 끊임없이 속삭이기 때문입니다.

> **징후 2** 소중한 사람에게 상처만 주는 존재인 것처럼 느껴진다

자책감은 당신에게 더욱 많은 죄를 저지르라고 끝없이 요구합니다. 누군가를 공격하고 상처를 주라고 집요하게 재촉합니다. 항상 이런 생각에 휩싸이는 이유는 그래야 당신이 존재할 수 있다고 부추기는 자책감의 유혹 때문입니다.

징후 3 | 소중한 존재들과 거리를 두고 싶다

자책감에 빠지게 되면 스스로를 소중한 사람들에게 상처만 주는 존재라고 생각하기 쉽습니다. 그래서 상대를 아끼는 만큼 멀리하고 싶은 마음을 가지게 됩니다. 자신도 모르게 주위 사람들로부터 고립되는 상황에 놓이게 되는 것입니다.

징후 4 | 사랑하는 사람들과 가까워질수록 도망치고 싶어진다

사랑하는 사람을 아끼면서도 마음 한편으로는 멀리하고 싶어지기에 가까워질수록 공포감을 느끼게 됩니다. 사랑하는 사람에게 상처주고 싶지 않다는 생각이 들기 때문인데, 자책감은 당신이 이런 모순된 갈등을 계속 안고 살아가게 합니다.

징후 5 | 스스로 불순한 존재라는 생각이 든다

자책감의 노예가 되면 자신을 불순한 존재라고 보는 생각에 휩싸이게 됩니다. 결코 되돌릴 수 없는 일을 저지른 존재, 더 이상 깨끗한 마음이나 몸으로는 돌아갈 수 없는 존재라는 생각에 빠지기 쉽습니다.

징후 6 | 나는 민폐를 끼치는 하찮은 존재 같다

자책감은 항상 당신을 공격합니다. '나 같은 사람은 사라지는 게 모두를 행복하게 만드는 길이야'라는 생각에 빠지게 만듭니다. 항상 주위사람들에게 민폐를 끼치고 있는 듯한 기분이 들어 그 자리에 있고 싶지 않다는 마음이 강해집니다.

징후 7 | 나는 행복한 사람이 될 수 없다

자책감은 당신이 '죄 많은 존재이자 형편없는 사람이기 때문에 행복하게 될 리가 없다'라는 착각에 빠지게 만듭니다. 그렇기에 남다른 영광이나 성공, 특별한 기회가 찾아와도 그것을 순순히 받아들이지 못하거나 오히려 그 자리를 외면하고 도망치고 싶게 합니다. 자신이 인생 자체에 속고 있다는 기분이 들 정도로 현실을 부정하게 만듭니다.

징후 8 | 누군가에게 사랑받는다는 느낌이 들지 않는다

스스로 나쁜 사람이고 남에게 민폐를 끼치는 존재라고 믿고 있는 당신은 '그런 사람인데 누가 사랑을 해주겠어?'라는 의문을 가지고 있습니다. 그렇기에 자책감이 강할수록 '내가 누군가에게 사랑받을 일 따위는 없다'라고 굳게 믿게 되는 것입니다.

징후 9 | 타인의 사랑을 받아들이기 어렵다

자책감이 깊어지면 누군가 당신을 사랑한다 해도 그것을 순수하게 받아들일 수 없게 됩니다. 경우에 따라서는 그 사람이 당신에게 주는 사랑이 마치 자신을 공격하는 칼이나 자신을 웃음거리로 만들려는 놀림처럼 느껴집니다.

징후 10 │ 남에게 도움을 청하는 것에 서투르다

자책감이 존재하는 이유는 자신을 괴롭히기 위한 것이기에, 그런 자신을 구하고자 남에게 도움을 청하는 일을 스스로 용납하지 못합니다. 당신은 자신의 한계를 뛰어넘더라도 혼자서 어떻게든 해내려고 안간힘을 쓰지만 결국 모든 짐을 짊어지고 힘들어합니다.

징후 11 │ 자신의 자유로움이 누군가에게 폐가 되는 것 같다고 믿는다

자책감은 자신의 자유를 속박하면서 어떤 틀 안에 스스로를 가두려고 하는 행동이나 사고를 하게 만듭니다. 잠재의식에 자리 잡은 자책감이 '네가 원하는 자유는 다른 사람들에게 민폐를 끼칠 뿐이니 너는 결코 행복해지지 못할 거야'라고 끝없이 속삭이기 때문입니다.

징후 12 │ 문제가 생기면 모두 내 탓인 것만 같다

자책감은 동료나 가족에게 문제가 생겼을 때 제일 먼저 당신 자신을 탓하도록 유도합니다. '나 때문에 일의 진척이 늦은 거야', '나 때문에 갈등이 일어나는 거야'라고 생각하게끔 이끕니다. 우스갯소리로 중요한 일이 있는 날 아침부터 비가 오면 그마저도 운이 나쁜 자기 탓이라는 생각을 할 정도입니다.

징후 13 스스로를 독버섯 같은 존재라고 본다

스스로를 세상에 해만 끼치는 독버섯 같은 존재라고 굳게 믿는다면, 지금까지 소개한 하나하나의 성향들을 이해할 수 있을 것입니다. 독버섯 같은 존재라서 사랑하는 사람을 멀리하는 것이고, 사랑받는 일 따위도 어울리지 않는다고 여기고, 누군가에게 도움을 청하는 일은 더더욱 용납할 수 없다고 생각하는 것입니다.

징후 14 일이 잘 풀릴 만하면 문득 스스로 망치고 싶어진다

자책감은 당신의 행복이나 성공을 원하지 않습니다. 그렇기 때문에 인생이 잘 풀려간다 싶으면 그것을 망칠 행동을 생각하게 됩니다. 오랫동안 기다린 계약을 맺게 되었을 때, 사랑하는 사람과의 결혼을 앞두고 있을 때, 꿈만 같은 연봉을 제시받았을 때, 당신은 그것들이 내 것이 아니라는 생각에 휩싸여 거부하고 싶어집니다.

징후 15 뭔가를 때려 부수고 싶은 욕망이 있다

자책감은 당신을 벌하기 위해 계속해서 상처를 줍니다. 이를 바탕으로 '뭔가를 때려 부수고 싶다', '누군가에게 상처를 주고 싶다'라는 충동에 휩싸이는 일이 적지 않습니다. 그런 기분에는 당신의 자기파괴적인 욕구가 반영되어 있음을 알아차려야 합니다.

> **징후 16** 타인 앞에 절대로 나서서는 안 된다고 생각한다

당신은 자신의 죄를 벌하지 않으면 안 되는 존재이기 때문에 대중들로부터 스포트라이트를 받는 게 어울리지 않는다고 여깁니다. 항상 어둠이 드리워진 음지가 자신에게 어울린다고 자신을 끊임없이 속박합니다.

자책감의 징후를 알고 순순히 받아들여라

지금까지 소개한 자책감의 징후들을 막연하게라도 느끼고 있었다면, 당신의 잠재의식에는 자책감이 뿌리를 내리고 있을 가능성이 높습니다.

어떤 원인들이 쌓이고 쌓이면 스스로가 '나는 나쁜 놈이다, 벌을 받지 않으면 안 된다, 행복해져서는 안 된다'라고 생각해 자신을 어둠의 세계 안에 가두려고 합니다. 따라서 당신이 먼저 할 일은 그런 부정적인 감정이 당신 안에 존재하고 있다

는 걸 확실하게 인지하고 순순히 받아들이는 것입니다.

그게 시작입니다. 그렇게만 한다면 당신은 자책감으로부터 괴로워하지 않으면서 조금씩 그 속박으로부터 벗어날 수 있는 길을 발견할 수 있습니다. 그리고 그 순간부터 행복해지겠다는 마음을 먹을 수 있습니다. 행복에 대한 믿음이 자라고 자라면 당신은 자존감이 강한 새로운 '나'로 거듭나게 될 것입니다.

POINT

자책감이라는 감정은 자각하기 어려운 경우가 많다. 만약 '나는 열심히 노력하는데도 제대로 보상받지 못한다, 나는 행복하지 않다, 나는 성공할 자격이 없는 존재다'라는 마음이 들면 자책감이 잠재하고 있을 가능성이 높다.

제1장 | 왜 나는 나도 모르게 내 탓을 할까?

06

자책감은 어떤 모습으로
당신을 잠식하고 있나?

우리가 느끼는 자책감에는 크게 7가지 유형이 있다고 볼 수 있습니다. 우선은 인식하기 쉬운 자책감부터 차례대로 소개해 보겠습니다.

> **타입 1** │ 누군가에게 상처를 준 것에 대한 자책감

　가장 알기 쉬운 자책감이 바로 '가해자 심리'입니다. 이는 당신이 어떤 언행으로 남에게 상처를 주었다거나 일을 망치고 말았다는 생각이 들 때 느끼는 심리입니다. 예를 들면 다음과 같은 것들입니다.

"친구와 말싸움 끝에 상처를 주는 말을 하고 말았다."

"연인에게 배신에 가까운 짓을 저지르고 말았다."

"사랑하는 사람을 행복하게 해줄 수가 없을 것 같다."

"경솔한 발언으로 친구와의 신뢰관계를 망치고 말았다."

"업무 중에 큰 실수를 해서 회사에 손해를 끼친 것 같다."

"아이가 소극적인 것은 부모인 내가 잘못 가르친 탓이다."

심리학에서는 '가해자와 피해자가 같다'라는 견해가 있습니다. 누군가에 의해 상처를 받았다고 느끼는 피해자는 그 순간 가해자에 대해 공격적이고 비판적인 생각을 품게 됩니다. "너 때문에 상처받았다! 책임져!"라는 언행을 보이는 경우도 있고, 마음속으로 원망의 목소리를 쏟아내는 경우도 있습니다.

상대방이 가해자라는 이유로 공격하고 비난하는 것인데, 그 순간에는 피해자였던 당사자가 곧 가해자로 바뀌게 됩니다. 그렇게 되면 자연스럽게 원래 가해자였던 사람이 피해자로 바뀌고, 이 악순환은 끝없이 반복됩니다. 바로 이 때문에 '가해자와 피해자가 같다'라고 말하는 것입니다.

만약 당신이 누군가에게 상처를 받았고 그 순간 상대방을 공격하려는 기분이 생겼다면 곧 당신이 가해자가 되는 것이고, 바로 이때부터 자신도 모르게 자책감이 마음속에 자리를 잡게 됩니다. 이런 일은 누구에게라도 일어날 수 있는 일이니 이를 무조건 나쁜 일이라고만 여기지 않기를 바랍니다. 그 정도의 자책감은 누구나 마음속에 품을 수 있고 바로 그것이 정상적인 반응이기 때문입니다.

가해자와 피해자의 악순환으로부터 벗어나는 사고법으로 '무해자(無害子)'라는 개념이 있습니다. 상대를 향한 공격을 멈추고 피해자 역할에서도 벗어나 누구에게도 해를 끼치지 않는 사람이 되는 것을 뜻합니다. 그러나 이런 감정은 웬만큼 세상사에 초탈하지 않고서는 가질 수 없기에 인간에게 자책감은 필수적인 감정일 수밖에 없는 것입니다.

> **타입 2** | 남에게 도움을 주지 못한 것에 대한 자책감

일종의 무력감인 이 심리 상태는 '돕고 싶다, 구하고 싶다, 도움을 주고 싶다, 민폐를 끼치고 싶지 않다'라고 생각해서 있는 힘껏 노력을 했는데도 타인에게 제대로 된 도움을 주지 못했다고 느낄 때 생기는 자책감입니다.

"늘 우울해하는 엄마의 기분을 풀어주려고 매일 푸념을 들어주거나 다독였지만 엄마의 기분이 전혀 좋아지지 않았다."

"알코올중독인 아버지를 돕고 싶어서 어느 때는 싸우기도

하고 어느 때는 위로하기도 했지만, 아버지는 결국 병으로 쓰러지고 말았다."

"항상 남에게 상처받는 사람들을 도와주려는 버릇이 있다 보니 건전한 정신의 소유자보다 문제를 안고 있는 사람에게 끌린다. 하지만 그런 사람과 행복해지려고 아무리 열심히 노력해도 결국 잘 안 된다."

"나에게 기대를 걸고 있는 회사를 위해 열심히 성과를 올리려고 했지만 잘되지 않았다."

"회사를 경영하면서 직원들을 행복하게 해주고 싶어 동분서주 노력했지만 매출이 기대만큼 오르지 않아서 오히려 월급을 깎을 수밖에 없다."

무력감이 깊어지면 남에게 베풀 수 없다는 마음에 자신에 대한 불신이 생기거나, 심지어 자해를 하는 상황에까지 치닫게 되는 경우도 있습니다. 처음엔 아주 작은 형태의 자책감으로 시작하지만 결과적으로 자기불신의 늪에 깊게 빠지게 되는 것입니다.

남에게 한없이 도움만 줄 수 있는 사람은 없습니다. 오히려 심리학자들은 이런 사람들에게 "자기 자신부터 살펴봐야 한다"라고 조언합니다. 자신을 먼저 생각한 뒤에 남을 돌보는 것이 순서라는 뜻입니다. 이는 결코 이기주의자가 되라는 얘기가 아닙니다.

타입 3 | 아무것도 하지 않았다는 것에 대한 자책감

자신을 용서할 수 없도록 만드는 자책감이 바로 이 유형입니다. '아무것도 하지 않은 자책감'은 아무것도 하지 않았기 때문에 표면적으로는 주변에서 죄를 묻는 것도 아니고 오히려 동조해주는 이들이 많지만, 계속 혼자서 자기 자신을 추궁하는 것입니다. '그때 그렇게 하지 않았더라면 더 좋았을 텐데……'라고 후회하면서 더 깊은 자책감의 늪으로 들어가게 되는 게 이 유형입니다.

"후배의 일이 잘 안 풀리고 있는 건 알았지만 그냥 내버려 두는 편이 나을 거라며 모른 척했는데, 문제가 더 커져버리고 말았다. 그때 만약 도움을 주었더라면 아무 일도 일어나지 않았을지도 모르는데……."

"동료의 안색이 좋지 않은 걸 느꼈지만 괜찮겠지 하면서 아무 말도 건네지 않았다. 며칠 후 그가 쓰러져 장기간 입원하게 되었다는 소식을 들었을 때, 그제야 그에게 말이라도 걸었어야 했다고 후회하게 되었다."

"같은 팀의 선배 A와 B가 업무관계로 상당히 어색한 사이가 되었을 때, 내가 중재를 해야 한다는 생각이 들었지만 결국엔 내가 끼어들 일이 아니라고 판단하고 아무것도 하지 않았다. 결국 두 사람 사이는 점점 더 나빠져만 갔고 팀 전체가 붕괴될 위기를 맞이하고 말았다. 모두 내 책임인 것만 같다."

타입 4 | 풍족함에 대한 자책감

이는 꽤나 자각하기 어려운 유형입니다. 풍족한 것 자체는 좋은 일이지만, 그로 인해 파생되는 가치들을 자기 것으로 받아들일 수 없기 때문에 자책감에 빠져드는 경우입니다.

"집안이 부유하기 때문에 다른 친구들에겐 없는 것들을 가지고 있거나 여행을 자주 가는 편이다. 괜스레 밖에 나가 집안 이야기를 하는 것에 미안한 마음이 든다."

"남편이 대기업에 다니고 있어서 금전적으로 궁핍하지 않게 생활하고 있다. 주변의 친구들이 아르바이트를 하거나 금전적으로 어렵다고 말하면 왠지 미안함을 느낀다."

"어릴 때부터 예쁘장한 얼굴 때문에 주위사람들로부터 귀엽다거나 예쁘다는 말을 많이 들었다. 하지만 그로 인해 질투받는 것이 무서워서 될 수 있는 한 눈에 띄지 않으려고 행동하는 버릇이 생겼다."

"다른 사람들로부터 질투를 받는 것에 대한 공포 같은 게 있다. 일부러 다른 사람 앞에 나서서 말을 하지 않거나 의도적으로 소박한 옷을 입는 등 타인의 시선을 피하는 행동을 하곤 한다."

타입 5 ｜ 자신이 불순한 존재라고 생각하는 자책감

자책감이 잠재의식 깊은 곳에 켜켜이 쌓이면 자신을 남에게 해만 끼치는 독버섯 같은 존재로 여기는 생각이 싹을 틔워 스스로 행복해질 수 없는 선택만을 반복하게 만듭니다.

이 자책감은 원인을 특정 지을 수가 없을 뿐만 아니라 여러 자책감이 겹쳐서 일어나는 것이기에 자각하기도 어렵습니다. '행복해지고 싶다고 생각해서 이것저것 하는데도 왜 내가 하는 일은 모두 잘 풀리지 않는 것일까?'라는 마음을 불러일으킵니다.

"나와 같이 있어도 상대가 행복해질 수 없다는 생각이 들어 자진해서 거리를 둔다. 그러다 멀어지면 외롭다는 생각이 들어 다시 다가가지만 이내 다시 거리를 두고 만다."

"상대를 사랑할수록 그를 지키기 위해 멀찌감치 떨어져 있어야 한다고 생각한다."

"스스로 행복해질 수 없고 행복해져서는 안 된다는 생각에 빠질 때가 많다."

"나는 항상 상처받는 쪽, 행복해질 수 없는 쪽을 선택하는 것 같다."

"엄청난 업무량을 감당하고 있지만 그에 비해 형편없이 낮은 보수를 받고 있다."

타입 6 | 부모나 주위사람들로부터 이어받은 자책감

사랑하는 사람을 구하고 싶다는 마음이 강하기 때문에, 그가 짊어지고 있는 자책감을 스스로 떠안으려고 합니다. 그래서 상대의 자책감을 자신의 것인 양 받아들이는 상태입니다. 결국 '내가 아닌 다른 사람들의 감정 때문에 괴롭다'라는 납득하기 어려운 상태에 놓이게 됩니다.

예를 들어 당신은 자책감에 몸부림치는 엄마를 정말로 걱정하고 있다고 합시다. 그때 당신은 조금이라도 엄마의 마음을 편하게 해주고자 "모두 내 탓으로 이렇게 되어버렸다!"라고 푸념을 늘어놓는 엄마를 위해 "아니야, 그렇지 않아. 내가 더 나빠. 모두 내 탓이야!"라고 말하며 엄마로부터 자책감이라는 짐을 이어받으려고 합니다.

이러한 감정은 당신의 행동이나 사고의 패턴에도 드러나는데, 애초부터 자식들은 부모로부터 말이나 행동, 생각법이나 가치관 등 많은 부분을 복사라도 한 듯이 닮아가기 때문입니다.

요컨대 만약 당신의 아버지가 자책감 때문에 괴로워하고, 그 감정으로 인해 자식인 당신에게 상처를 주거나, 행복하지 않은 길을 선택하거나, 누군가를 공격했거나 하면 당신은 무의식적으로 자책감 측면에서 아버지의 행동을 그대로 흉내 내게 된다는 뜻입니다.

또한 같은 팀의 동료가 일중독으로 인한 자책감 때문에 괴로워할 때 그의 업무를 도와준다며 자신도 일중독이 됨으로써 비슷한 감정에 빠지고 맙니다. 직장인 사회에는 이런 식의 감정이입으로 자책감을 공유하는 경우가 의외로 많습니다.

> **타입 7 | 종교적인 이유로 생긴 자책감**

기독교에는 '인간은 태어나면서부터 죄를 짊어지고 태어난다'라는 원죄 의식이 있고, 불교에서는 살생을 금지하는 규범이 오랜 세월 전해져 왔습니다.

원죄는 인류의 시조인 아담과 하와가 신의 명령을 어기고 에덴동산에서 금단의 열매인 선악과를 따먹은 인류 최초의 죄를 말합니다. 기독교는 인간 존재 자체가 그러한 죄의 결과라는 논리를 중요한 개념으로 삼고 있습니다.

하지만 원죄 의식에 너무 매몰되어 살게 되면 모든 잘못을 자기 탓으로 돌리기 때문에 심리적으로 위축되기 쉽습니다.

원래 의미는 항상 감사하면서 죄를 짓지 말고 겸허히 살라는 것인데 맹신자일수록 스스로 '나는 죄 많은 존재'라고 해석해서 자책감에 빠지게 됩니다.

이제 다음 챕터부터는 자책감의 구체적인 심리나 그로 인해 파생되는 상황을 조금 더 자세히 밝혀 나가도록 하겠습니다.

POINT

자책감의 노예가 되면 스스로 멍에를 짊어지고 살면서 끝도 없이 자신을 괴롭히게 된다. 그런 삶에 진정한 평화가 깃들기는 어렵기에, 당신은 평생을 그늘 속에서 살아가게 될 수 있다.

PLUS 3.
자책감의 7가지 타입

〈의식하기 쉬운 타입〉

타입 1
누군가에게 상처를 준 것에 대한 자책감

타입 2
남에게 도움을 주지 못한 것에 대한 자책감

타입 3
아무것도 하지 않았다는 것에 대한 자책감

타입 4
풍족함에 대한 자책감

타입 7
종교적인 이유로 생긴 자책감

타입 5
자신이 불순한 존재라고 생각하는 자책감

타입 6
부모나 주위사람들로부터 이어받은 자책감

〈의식하기 어려운 타입〉

나는 타입 5에 해당할지도 몰라…….

죄의식의 레벨이 깊을수록 자신의 생각이나 행동이 자책감에서 비롯되었다는 사실을 알아차리기 어렵게 된다.

우체통이 빨간 것도
모두 내 탓이다

혹시
나 때문에?

07

나를 옭아매는
자책감의 착각

분위기가 어색해진 게 내 탓이라고 말하는 사람

'나는 누구에게도 도움이 안 된다.' 이것은 앞서 말한 유형 중 '자책감 타입 2'에 해당하는 경우입니다. 예를 들어 당신은 대학친구들의 모임에서 총무를 맡고 있습니다. 이번 연말 송년회를 철저히 준비했고 이제 다들 즐기기만 하면 되는데, 막상 송년회가 진행되어도 분위기가 어색합니다.

누군가 재미있는 이야기를 해도 다들 웃지 않고, 구석에서 자기들끼리 말하는 사람들도 있고, 어느 누구도 한데 어울리지 못하는 느낌입니다. 당신은 어떻게든 분위기를 살려보려고 애쓰지만 대화는 제대로 이어지지 않고 제각기 따로 노는 느낌만 듭니다.

집으로 돌아오는 길, 실망스러운 마음과 동시에 '혹시 나 때문에 분위기가 그렇게 되어버린 것일까?' 하는 고민에 사로잡히고 맙니다. 특별히 당신이 무슨 짓을 한 것도 아니고 친구들과 무슨 문제가 생긴 것도 아닌데 왠지 내 탓이라는 기분을 떨쳐버릴 수 없게 됩니다.

동창회를 예로 들었지만, 회식 같은 모임에서 분위기가 고조되려고 하다가 가라앉았을 때, 또는 의미 없는 대화가 어색하게 반복되는 상황을 마주했을 때 불현듯 '내 탓인가?'라고 생각하는 일이 있다면 이것이 바로 자책감이 만들어낸 착각입니다.

사실 이런 감정은 유소년 시기부터 얽히고설킨 인간관계를 겪어오면서 쌓여온 자책감으로, 성년이 되어 참기 힘든 어색한 상황을 마주하게 되면 슬쩍 얼굴을 드러냅니다. 어떻게 하면 이런 감정으로부터 벗어날 수 있을까요?

가령 직장에서 친구들과 수다를 떨고 있을 때 당신이 그만 실언을 하고 말았다고 칩시다. 주위사람들의 표정이 굳어지면

제2장 | 우체통이 빨간 것도 모두 내 탓이다

서 이상한 분위기가 형성되었습니다.

'아, 내 말 때문에 분위기가 험악해지고 말았구나……'

이런 자책감을 느끼며 순식간에 의기소침해진다면 다음에 또 그런 자리가 있을 때 자신 있게 말하지 못하고 슬금슬금 피하는 등 소극적인 태도로 임할 수밖에 없게 됩니다.

이런 감정들은 돌아서서 생각해보면 별것 아닌 일이지만 작은 자책감들이 지속적으로 쌓이다보면 '내가 있으면 분위기가 늘 살지 않는다', '나는 민폐를 끼치는 존재다'라는 생각들을 굳게 믿게 됩니다.

문제는 이런 착각이 자신의 마음속에서 너무 당연한 것이 되어버렸기에 자각할 수 없다는 점입니다. 잠재의식으로부터 고개를 내민 부정적인 생각들이 되살아날 때, 결국엔 모든 게 내 탓이라는 감정의 덫에 빠지게 되는 것입니다.

POINT

모임에서 어쩐지 흥이 오르지 않을 때 '혹시 나 때문일까?'라고 느낀다면, 그것은 당신의 마음속에 자책감이 도사리고 있기 때문일지 모른다. 자책감은 그렇게 스스로 의식조차 못하고 있는 사이에 악영향을 끼친다.

PLUS 4.

'나는 민폐를 끼치는 존재'라는 착각

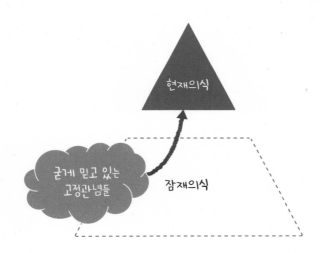

08

혹시 나 때문에
화를 내는 게 아닐까?

불행의 원인이 나인 것 같다

'세상의 모든 잘못은 내 탓이다.' 이것은 앞서 이야기한 '자책
감 타입 5'에 해당됩니다. 만약 어떤 사람이 우체통이 빨간 것
도 자기 탓이라고 생각한다면 이해가 됩니까? 너무 말이 안
된다고 생각하지 않습니까? 그러나 이런 식으로 매우 강한 자
책감을 품고 사는 사람들이 의외로 많습니다.

세상 모든 일에 당연하다는 듯이 자책감을 품고 있으면 자
기 자신을 부정하는 사고가 자연스럽게 치솟게 됩니다. 의식

의 레벨에서는 '우체통이 빨간 게 내 탓일 리 없잖아, 내가 태어나기 전부터 빨간색이었으니……'라고 생각하지만, 그럼에도 불구하고 눈에 들어오는 모든 것을 부정적으로 느끼면서 자신의 잘못으로 만들어버립니다.

"모처럼 외출인데 이렇게 흐리고 추운 날씨라니, 역시 내가 운이 없는 탓이야."

"오랜만에 쇼핑하러 나왔는데 줄이 왜 이렇게 긴 걸까. 이날 나온 내 탓이야."

"경찰차 사이렌소리가 들린다. 나는 아무 일도 하지 않았는데 왜 괜스레 가슴이 뛰지?"

"전철 안에서 옆 좌석의 승객이 짜증을 내고 있다. 내가 무슨 실수라도 한 건 아닐까?"

"회사의 새로운 프로젝트가 기대만큼 진척되지 않는다. 내 능력이 부족한 탓 아닐까?"

굳이 의식을 하지 않아도 자책감을 느끼는 게 당연하게 되면 이처럼 무슨 일이든 자기 자신을 탓하는 버릇이 뿌리를 내리게 됩니다. 그래서 머리로는 자신과 관계없다는 사실을 알더라도 무조건 스스로를 탓하게 됩니다.

'무슨 일이든지 내 탓인 것 같은 기분이다. 나 같은 인간은

제2장 I 우체통이 빨간 것도 모두 내 탓이다

사라지는 편이 낫지 않을까?'

자주 이런 생각에 사로잡히는 사람들은 틀림없이 자책이라는 감정의 수렁에 빠져서 헤어나오기 힘든 상태입니다. 무슨 일이든 자기 탓일 리가 없는데도 자꾸만 자신을 불행의 원흉으로 만들어버리는 사람은 결코 행복해질 수 없습니다.

당신이 그런 부류에 속하는 사람이라면 빨리 자책의 수렁에서 벗어날 방법을 찾아야 합니다.

POINT

다른 사람들로부터 어떤 말을 들은 것도 아닌데 스스로를 탓하는 습관이 있다면, 그런 생각습관이 고착되어 자신의 존재 자체를 부정하는 자책감으로 이어질 수도 있으니 조심해야 한다.

09

다 잘되고 있는데
왜 나만 풀리지 않을까?

○
│
│
│
│
│
│
○

상대의 칭찬을 순수히 받아들이기 어렵다

'좋은 일이 생겨도 솔직히 기뻐할 수 없다.' 이번에도 앞의 내용과 마찬가지로 '자책감 타입 5'를 이야기하고자 합니다. 1년 전부터 준비해온 프로젝트가 아무 문제없이 끝나서 모두들 기뻐하고 있는데, 당신만은 왠지 전혀 기뻐할 수가 없습니다. 나름대로 열심히 해왔고 성공에 큰 공헌도 해왔음을 머리로는 알고 있는데, 가슴으로는 자신이 팀에 끼어 있는 것에 미안한 마음이 듭니다.

'나만 아니었다면 더 큰 성과를 낼 수 있지 않았을까?'

'내가 없었다면 모두가 더 큰 기쁨을 누리지 않았을까?'

왠지 그런 생각들이 솟아올라 순수하게 기뻐하는 사람들 속으로 끼어들 수가 없습니다. 그렇게 외톨이가 되어 한 발짝 물러나서 동료들의 기쁨을 구경하고 있습니다. 혹시 당신의 모습은 아닌지요?

이런 사례도 있습니다. 결혼을 하려고 열심히 상대를 찾다가 마침내 좋은 상대를 만났습니다. 친구들에게 이런 이야기를 했더니 모두들 자기 일처럼 기뻐했습니다.

하지만 좋은 친구들을 가졌다는 기쁨도 잠시 '지금은 이래도 어차피 나중엔 나를 싫어하지 않을까?', '지금은 좋은 사이지만 나의 본성을 알아도 계속 나하고 친하게 지내줄까?' 하는 불안감이 엄습해옵니다. '그들에게 나보다 더 좋은 친구들이 있지 않을까?' 하는 의구심도 들끓어오릅니다.

몇 번이나 강조하지만 자책감은 '나는 행복해져서는 안 된다'라는 생각을 강요합니다. 그렇기 때문에 프로젝트가 성공해서 모두가 기뻐해도, 원하던 연인이 생겨서 기뻐할 상황이 와도, 마음 한구석 어딘가는 밝아질 수 없습니다.

자책감은 행복에 직결되는 것들 다시 말해서, 사랑이나 풍요, 성공이나 기쁨 같은 것들을 받아들이는 행위를 용납하지 않습니다. 오히려 좋은 일이 생겼기에 미래는 더욱 불행하게 될 거라는 이미지를 그려내게 만듭니다.

이것은 특별히 당신의 성격이 나쁘다거나 어둡다거나 하는 문제가 아닙니다. 자책감이라는 감정이 그러한 사고나 감정을 강요하는 것이고, 그로 인해 당신의 발목을 잡는 것뿐입니다. 따라서 해결의 열쇠는 자책감의 실체를 인정하고 그런 감정으로부터 어떻게 하면 자유로워질 수 있는지를 생각하는 것에서부터 찾을 수 있습니다.

POINT

일이 순조롭게 진행되는데 그에 따른 성과를 순수하게 기뻐할 수 없는 것은 자신의 존재를 부정하는 자책감이 있기 때문이다. 연인이 생긴 것을 축하해주는 친구들의 진심을 그대로 받아들이지 못하는 것도 그런 마음 탓이다.

10

나는 왜 이렇게
하찮은 존재일까?

문득문득 치솟는 자기불신의 감정

계속해서 '자책감 타입 5'에 해당하는 이야기입니다. 친구들이 당신의 생일에 당신을 위한 특별한 선물을 준비해주었습니다. 친구들이 내 생일을 기억하고 있다는 사실에 기분이 좋아지는 한편, 괜히 신경 쓰게 한 것 같아 미안하다는 감정과 함께 나를 위해 이렇게까지 일부러 마음을 쓸 필요가 없었다는 생각이 끓어오른 적이 있습니까?

상사나 선배로부터 당신의 업무 태도에 대해 칭찬의 말을 들었습니다. 감사하다고 말하면서도 마음속으로는 '내가 이렇게까지 잘한 것 같지는 않은데……'라는 생각과 함께 남들에게 폐를 끼치고 있다는 생각마저 솟아오른 적은 없습니까?

식당에 들어가서 친구들과 식사를 하고 있는데, 종업원이 서비스라며 디저트를 가져다줍니다. 친구들은 소리를 지르면서 좋아하지만 당신은 왠지 순순히 기뻐할 수가 없고 반사적으로 이런 생각까지 하게 됩니다.

'이렇게 좋은 일이 생기면 다음에 반드시 나쁜 일이 일어나지 않을까?'

즐거운 일이 있는데 그때마다 스스로 끼얹는 부정적인 생각이 들불처럼 끓어오른다면, 그 역시 자책감이 만들어내는 장난이라고 보면 됩니다.

좋은 일이 생기면 자연스럽게 기뻐하면 되는데, 자책감 때문에 금세 부정적이 되어버리는 경우입니다. 그러다 보니 때때로 부정적인 감정에 휩싸이는 자기 자신에 몹시 실망을 하기도 하고, 그런 자신에게 '한심한 놈'이라는 딱지를 붙이고 싶어하기도 합니다.

하지만 그럴 필요까지는 없습니다. 자책감에 사로잡혀 일상에서의 사소한 순간에도 자신을 부정하고 싶은 생각이 들끓어오를 뿐이니, 그저 그런 자신의 마음을 다독이면서 자신을 책망하는 감정이 잦아들기를 기다리면 됩니다.

자책감이라는 감정은 교묘하게 우리의 마음속에 침투해 있다가 일이 생길 때마다 슬며시 얼굴을 들이밉니다.

어떤 사람에게는 자책감이 그저 가끔 한두 번이 아니라 일상적으로 당연한 듯이 고개를 들기 때문에, 마치 원래 성격이 꼬인 사람인 것처럼 보이게 하거나 자신은 물론이고 주위사람들에게까지 불행을 가져다주는 존재라는 생각을 들게 합니다.

게다가 이런 상황이 반복되는 데에도 불구하고 자신의 마음을 솔직하게 표현할 수 없어 스스로를 '하찮은 존재'로 여기며 더욱 깊은 자기불신의 늪으로 빠져들게 만듭니다.

POINT

자책감은 당신이 행복이나 기쁨을 솔직하게 받아들이지 못하게 하고, 괜스레 미안한 마음이 들게 만들어 그 자리에 어울리지 못하는 존재라고 생각하게 유도한다.

PLUS 5.
행복을 받아들이지 못하게 만드는 자책감

11

나는 용서받을 수 없는 존재다

일부러 소중한 것들과 거리를 둔다

자책감이라는 감정은 항상 자신을 공격하고 행복하지 않게 하려고 작동하는 것이기에, 그러한 감정이 점점 쌓이면 무슨 일에 대해서도 자신이 나쁘다는 착각에 쉽게 다다르게 됩니다.

"회의 시간에 다들 말이 없던데 내가 무슨 실수를 저지른 걸까?"

"엄마와 아빠가 매일같이 부부싸움을 하는 건 모두 내가 잘못했기 때문일 거야."

또한 자신을 마치 전염병 환자처럼 취급하게 되는데, 그렇게 되면 주변을 불행하게 만들 수 없다는 생각에 자신에게 소중한 존재일수록 거리를 두게 됩니다. 사랑하는 사람, 소중한 동료, 지키고 싶은 존재, 특별한 장소를 자신과 멀어지게 만들려고 안달합니다.

자책감에 사로잡히면 세상에서 자신이 가장 나쁜 사람인 것처럼 느껴집니다. 세상에서 가장 용서할 수 없는 존재, 사라져야 할 악인은 바로 자기 자신이 됩니다.

하지만 과연 그런가요? 남들이 보기에는 절대 그렇지 않은 사람인데도 당신은 스스로를 나쁜 인간으로 규정하면서 인생의 나락으로 굴러떨어지게 만들고 있습니다.

이런 착각의 노예로 살면서 나날이 증가하는 자기모멸의 감정에 떠밀리다보면 그 끝에 무엇이 올지 생각해보십시오. 당신에게 그런 파국을 강요하는 사람은 아무도 없습니다. 자책감은 오직 스스로가 만들어낸, 스스로만이 벗어날 수 있는 비극일 뿐입니다.

POINT

자책감이 있으면 자신을 마치 전염병 환자처럼 여긴다. 스스로를 용서할 수도 없고 지켜야 할 만큼 소중하지 않은, 하찮은 존재로 보게 된다.

　　　　　　　　　제2장 | 우체통이 빨간 것도 모두 내 탓이다

왜 자책감이 강할수록 자기 생각을 고집할까?

난 틀리지 않았어!
네 탓이야!

12

속으로는 내 탓
겉으로는 남 탓

자책감이 클수록 자신은 정당하다고 말한다

상담을 하게 되면 이런 이야기를 자주 듣게 됩니다.

"남편이 도박에 빠진 것 같은데, 그걸 따지면 오히려 나를 탓하면서 자신의 잘못을 전혀 인정하지 않습니다. 자신이 몹쓸 짓을 하고 있다고 생각조차 않는 모양입니다."

나는 실의에 찬 얼굴로 한숨을 쉬는 그녀에게 말합니다.

"아닙니다. 남편은 오히려 죄책감으로 가득 차 있을 겁니다. 자신이 나쁜 짓을 하고 있다는 자책감 때문에 그런 태도를 취하는 것입니다."

"그렇다면 사과를 하며 그런 태도를 고쳐야 하지 않나요?"

내 대답은 "그렇지 않다"입니다. 남편은 스스로를 나쁘다고 인정해버리면 문제가 오히려 커질 수 있다고 생각하는 사람입니다. 자신이 나쁜 일을 하고 있다는 자각이 클수록 상대에게 죄를 보상하지 않으면 안 된다고 여기고, 용서를 빌며 머리를 숙여 사죄하지 않으면 안 된다고 생각합니다.

도박에 빠진 남편의 입장에서 보면 자신의 잘못을 한 번 인정해버리는 순간 평생 아내에게 머리를 숙이지 않으면 안 되게 되고, 결국 노예와 다름없는 생활을 하면서 그에 상응하는 보상을 해야 한다고 여기는 것이 분명합니다.

따라서 죄를 인정하지 않고 전혀 미안하지 않은 태도를 보일 수밖에 없는 것입니다. 그렇게 자신의 행위를 정당화하고 싶어 하는 게 인간의 심리입니다. 자책감이 클수록 반대로 자신의 죄를 인정하지 않고 도리어 정당하다고 주장하게 되는 것입니다.

회의장에서 업무적으로 실수를 저지른 직원이 오히려 큰소리로 이런저런 핑계를 대거나 회사의 업무 지원이 부실했다는 등의 변명을 하는 태도도 마찬가지입니다.

제3장 | 왜 자책감이 강할수록 자기 생각을 고집할까?

언제나 자기만 옳다고 고집하는 사람

회사의 점심시간, 옆자리 동료에게 마시고 있던 커피를 쏟고 말았습니다. 그런데 커피가 하필 중요한 서류와 노트북 키보드에 쏟아졌습니다.

"아, 매우 중요한 서류인데……. 노트북도 작동이 안 되네, 이걸 어쩌지……."

동료가 이렇게 투덜대면서 눈을 부릅뜬다면 아무렇지도 않게 미안하다고 말하기는 어렵습니다.

가벼운 자책감이라면 우리는 그저 미안하다고 사과할 수 있지만, 자신이 한 일에 대한 자책감이 크면 클수록 쉽사리 죄를 인정하면서 사죄하기는 어렵습니다.

자책감이 강할수록 우리는 '나는 틀리지 않았다'라고 주장하고, 때에 따라서는 '네 탓이다, 네가 더 나쁘다'라며 책임을 전가하기도 합니다. 자신의 죄를 인정하지 않고 자기만 옳다고 주장하는 사람일수록 자책감이 매우 강하다는 걸 증명하는 셈입니다.

당신의 주변에도 항상 '나는 반드시 옳다!'라고 주장하면서 자신의 실수를 인정하지 않거나 잘못을 저지르고도 절대로 미안하다고 말하지 않는 사람이 있을 것입니다.

그런 사람에게는 섭섭해하거나 원망하는 마음을 가지기보다는 그가 엄청난 자책감을 숨기고 있을지 모른다고 생각하기 바랍니다. 그런 태도로 나가면 까다롭고 고집스런 사람들을 조금은 이해할 수 있을 것입니다.

POINT

자책감이 강할수록 실수를 인정하면 그에 상응하는 보상이나 사과를 하지 않으면 안 된다고 생각하기에, 스스로 정당화하거나 타인에게 책임전가를 하며 자기를 옹호한다.

제3장 | 왜 자책감이 강할수록 자기 생각을 고집할까?

PLUS 6.
자책감이 강할수록 그 감정을
뒤집어서 자신을 정당화한다

13
착각이 만들어낸
규칙이 문제다

인간은 착각의 동물이다

만일 당신이 '일하지 않는 자는 먹지도 말라'라는 생각의 소유자라면, 정말로 일하고 있지 않는 것만으로도 자책감을 느낄 수 있습니다. 이런 사람은 휴가를 떠나서도 사무실에 없는 자신을 부정하면서 쉴 새 없이 회사에 연락하고, 스마트폰을 집어 들고 거래처에서 보낸 메일을 확인합니다.

당신이 만약 '시간은 반드시 지켜야 하는 것이다'라는 관념을 가지고 있는데 부득이 지각을 하게 되었다면, 자신이 매우 나쁜 짓을 한 듯한 기분에 빠질 것이고, '손님에게 항상 웃는 얼굴로 대해야 한다'라는 관념을 가진 식당 주인이라면 어느 날 몸 상태가 좋지 않아 웃는 얼굴로 접객할 수 없을 때 자책 감을 느끼게 될 것입니다.

사람들은 이런 관념을 수천수만 가지는 갖고 있다고 볼 수 있는데, 그런 규칙들 대부분을 자기 자신이 행해야 할 당연한 일이라고 규정해놓고 있습니다. 이 때문에 사실은 자신이 그렇게 정해버린 존재라는 사실조차 잊고 자책감이 만들어놓은 덫에 쉽게 빠져버리는 것입니다.

여기 아이에게 잘 대해주지 않으면 안 된다고 믿는 엄마가 있다고 합시다. 아무리 성의가 있는 엄마라도 이런저런 일로 육아에 지칠 때도 있고, 남편과 싸워서 기분이 안 좋을 때도 있을 것입니다.

하지만 아이에게 잘해줘야 한다는 관념이 강한 사람이라면 이러저러한 사정이 있음에도 불구하고 아이에게 화라도 내게 되면 심한 자책감을 느끼며 '이런 엄마가 되기 싫다. 나는 자격이 없다!'라면서 자신을 질책하게 됩니다.

주변에서 보면 '그럴 때도 있지!' 하며 그냥 웃어넘길 일이지만 엄마가 그런 관념을 강하게 가졌을 때는 주변의 소리가 귀에 들릴 리 없습니다. 엄마는 더욱 자신의 잘못을 질책하면서 스스로를 자격미달의 부모로 몰아붙일 뿐입니다.

평상시 아내한테서 "당신은 돈을 너무 많이 써! 그래서 살림살이가 힘든거야!"라는 잔소리를 듣는 남편이 있습니다. 아내의 계속된 불평에 남편은 자기도 모르게 자책감이 생겨 자신을 속박하기 시작합니다.

그런데 어느 날 후배와 술을 한 잔 하러 갔는데 한참 마시다 보니 결국 선배인 자신이 술값을 내게 되었습니다. 그러자 마음속에 자책감이 자연스레 쌓아올려집니다.

'아내에게 또 혼나겠군. 또 잔소리를 듣겠지. 나는 정말 한심한 인간이다…….'

집으로 돌아가는 전철 안에서 이렇게 혼자 반성하면서 장황하게 스스로를 탓하기 시작합니다. 그런 사람에게 자존감이 뚝뚝 떨어져 나가는 것은 시간문제입니다.

POINT

'이렇게 하지 않으면 안 된다', '이것을 해서는 안 된다'라는 관념을 가지고 있으면, 그것에 반대되는 일을 했을 때 오히려 강력한 자책감이 생겨나 스스로에게 관용을 베풀지 못하게 된다.

14
자책감이 인간관계를
악화시킨다

자책감이 강할수록 화를 낼 때 남 탓을 한다

스스로 '이것을 하면 안 된다'라고 생각한 것을 어쩔 수 없이 해버렸거나 피할 수 없게 되었을 때 우리는 반드시 자책감을 느끼면서 자신을 탓하게 됩니다.

이렇게 하나의 관념은 자신을 계속 속박해서 풀리지 않는 족쇄처럼 느껴지게 하는데, 그 때문에 우리는 다음과 같이 관대한 마음을 도저히 품을 수가 없게 됩니다.

"육아에 스트레스는 부록 같은 것이니까 가끔은 화를 내도 어쩔 수 없어. 나중에 사과하고 더 애정을 쏟으면 될 거야."

"평소에 열심히 하는 후배를 응원하며 술 한 잔 나누는 일
도 중요한 업무의 하나야. 이 또한 사회생활의 일부이니 아내
도 이해하겠지."

그런데 자책감에 의해 자신을 탓하다보면 점점 자신이 행한
일을 정당화하고 싶어집니다.

"나는 아무것도 틀리지 않았어. 내가 말하는 것을 듣지 않는
아들이 나쁜 거야! 애초에 남편이 더 육아에 협력했더라면 이
렇게 되지 않았을 거야! 나쁜 쪽은 남편이야!"

"후배와의 대화가 얼마나 업무에 중요한지 당신이 알기나
해? 남편이 밖에서 열심히 일하고 있는데, 말투가 그게 뭐야?"

문제는, 이렇게 자신을 정당화하면 자책감이 더욱 불어나게
된다는 점입니다. 또한 관념으로부터 생겨나는 자책감의 틀에
갇히다보면 부부관계에 균열을 만드는 등 소중한 이들에게 상
처를 주어 궁극적으로는 인간관계를 악화시키게 됩니다.

POINT

관념으로부터 생겨난 자책감은 자기 자신을 정당화하거나 타인에게 책임
전가를 하기에 상대와의 관계에 균열을 생기게 하고, 소중한 사람들에게
상처를 주는 행동을 야기한다.

15

엄마의 말을 따를 수 없어
자책감이 생긴다

부모가 불행하게 보이는 것은 모두 내 탓이다

아이들에게 부모는 완벽한 존재로 보입니다. 아이의 눈으로 보면 부모는 도저히 할 수 없는 일들을 해내는 것 같고, 자신보다 크고 자신이 모르는 것들을 많이 알고 있는 것같이 보이기 때문에 부모에게 혼이라도 나면 전부 자신이 잘못했다고 생각하게 됩니다.

밥을 먹다가 흘려서 혼이 나도 자기가 나쁘기 때문입니다. 정리정돈을 할 수 없는 것도, 옷을 단정하게 입을 수 없는 것도, 집안일을 돕지 못하는 것도, 지시받은 것을 잊어버린 것도 전부 자신이 잘못했기 때문입니다. 그렇기 때문에 아이들은 부모의 말대로 따를 수 없을 때 자책감을 느끼면서 자신을 탓하게 됩니다.

하지만 어른이 되면 달라집니다.

"그렇게 하는 게 당연하지 않아?"

"그때는 단순히 부모님의 기분이 나빴을 뿐일 거야."

"우리 부모님은 너무 엄격했어."

어른이 되면 이렇게 상황을 파악할 수 있지만, 어릴 때는 그런 정황을 알아챌 수가 없기에 모든 불화와 잘못의 원인을 자기 탓으로 돌리며 스스로 괴로움의 수렁에 빠지는 것입니다.

"내가 잘못했기 때문에 부모님이 화를 낸 거야."

"나 때문에 엄마의 기분이 안 좋은 거야."

"내가 나쁜 아이라 아빠한테 매를 맞는 걸 거야."

이런 식으로 귀책사유를 자신에게 돌려서 더 큰 자책감을 느끼게 됩니다.

아이들은 엄마 아빠를 정말 좋아합니다. 특히나 부모의 웃는 얼굴을 좋아해서 부모의 표정이 어두워지기라도 하면 모두 자신이 나쁘기 때문이라고 믿어버리고 맙니다. 이는 정말로 부모를 좋아하기 때문에 생기는 비극입니다.

그런데 이런 습관이 슬금슬금 고착화되면 매사를 자기 탓으로 돌리는, 자존감 바닥인 상태로 전락하게 됩니다. 자신감의 결여로 사회생활을 하면서 항상 약자 입장에 서거나 경쟁 상황에서 늘 손해를 보는 쪽에 줄을 서게 됩니다.

예전에 한 상담자로부터 이런 이야기를 들었습니다. 그가 경영하고 있는 회사의 매출이 기대만큼 오르지 않자 이대로는 파산하고 말 것 같은 예감에 매일같이 미래를 걱정했다고 합니다.

당시 그들에게는 다섯 살이 된 딸이 있었습니다. 될 수 있는 한 아이 앞에서는 어두운 얼굴을 하지 않도록 노력했지만 들키고 말았던 모양입니다. 어느 날 부부가 마주앉아 돈 걱정을 하며 이런저런 이야기를 하고 있는데, 딸이 부부의 침실로 들어 와서 뜻밖의 말을 했답니다.

"아빠하고 엄마가 요즘 기분이 나쁜 건 전부 제 탓인 거예요? 제가 착한 아이가 아니어서 그래요? 죄송해요, 저 이제 착한 아이가 될 테니 제발 기분 푸세요……."

부부는 그 말을 듣고 큰 충격을 받았습니다. 사랑하는 딸에게 이런 마음이 들게 하다니……. 그들은 이를 계기로 마음을 다잡고 회사를 재정립하면서 더욱 일에 열정을 쏟아 파산 위기를 벗어날 수 있었다고 합니다.

부모의 어둡고, 슬프고, 불안한 얼굴을 보고, 그것을 자신의 탓이라고 생각한 다섯 살짜리 딸의 모습이 그려지십니까? 사실 이런 모습은 어렸을 때의 당신을 포함한 대다수 아이들이 공통적으로 가지고 있는 순수한 자책감입니다.

유아교육 전문가들의 말에 따르면 최고의 아이 교육은 가정에서의 부모의 말과 행동이라고 합니다. 사소한 말 한 마디, 가볍게 드러낸 행동 하나가 아이의 마음에 자존감을 심고, 반대로 자책감을 뿌리내리게 한다는 걸 잊지 마십시오.

POINT

사랑하는 사람이 행복하지 않을 때 우리는 자기 탓이라고 확신하며 자책감을 느낀다. 어른이 되면 객관적으로 상황을 살펴볼 수 있지만 그런 판단을 할 수 없는 아이 때에는 자책감에 더욱 깊이 빠지게 된다.

제3장 | 왜 자책감이 강할수록 자기 생각을 고집할까?

PLUS 7.
아이의 자책감을 부르는 부모의 말과 행동

- 화목하지 않은 분위기
- 부모의 불행감
- 부부싸움으로 인한 위화감

'모두 내 탓인가?'

말 한 마디, 가벼운 행동, 무관심한 대응.
모두 아이의 마음속에 자책감이라는 나무가 뿌리를 내리게 만든다.

16

나는 부모의 기대에
부응할 수 없는 나쁜 아이다

착한 아이일수록 자책감을 느낀다

부모는 어떤 형태로든 사랑하는 자식에게 기대를 겁니다. 미래의 행복을 위해 대학에 가기를 바라거나, 의사나 변호사 같은 전문 직업을 갖기를 바라는 등 아이에게 엄청난 부담을 주는 부모가 대부분이고 그밖에도 자잘한 기대감을 참 많이도 쏟아냅니다.

"친구들과 사이좋게 지내길 바란다."

"선생님 말씀을 잘 듣길 바란다."

　　　　제3장 | 왜 자책감이 강할수록 자기 생각을 고집할까?

"학교에서 문제를 일으키지 않기를 바란다."

"좋은 성적을 유지하기를 바란다."

"부모님을 도와주기를 바란다."

자식은 사랑하는 부모를 위해 그 기대에 부응하려고 노력하지만 모든 기대에 제대로 부응하는 일은 도저히 불가능하니 바로 여기서부터 자책감이 생겨나기 시작합니다.

"엄마가 친구들과 사이좋게 지내라고 했는데 또 싸웠다."

"숙제하는 걸 잊어버렸다."

"너무 먹고 싶어서 길거리에서 불량식품을 사먹었다."

이런 식으로 어른의 시각에서 보면 별것 아닌 일이지만 아이는 부모에 대한 자책감을 심하게 느낍니다. 특히 착한 아이일수록 부모의 기대에 부응하려고 노력하기 때문에, 부응할 수 없는 일들이 많아질수록 자책감을 더 크게 느끼게 됩니다.

POINT

자식은 부모를 기쁘게 하기 위해 부모의 기대에 부응하려고 노력한다. 그러나 모든 기대에 완전히 부응할 수는 없기에 착한 아이일수록 강한 자책감을 느끼게 된다.

자책감 속에 또 다른 내가 있다

내가 노력하고 있는 게 맞을까?

17

겉과 속이 너무 달라
괴롭다

착한 성격의 이면에 존재하는 언더그라운드 세상

여기서 말하는 '언더그라운드'는 마음속에 존재하는 또 다른 세상을 말합니다. 부모의 기대에 부응하며 착한 아이로 자라다가 어른이 되었다면 늘 세상 사람들에게 맞추며 여전히 착한 사람이 되는 경우가 많습니다.

그러나 앞서 말했듯이 착한 아이일수록 자책감을 강하게 가지고 있기 때문에 표면적인 태도와는 정반대인 강한 자책의 불씨가 마음속에서 활활 불타오르고 있는 경우 또한 많습니다.

겉으로는 주위사람들이 마음에 들어 하는 좋은 사람인 '나'의 그림자 속에 '또 다른 하나의 얼굴'을 가져서, 바깥세상에서 표면적으로 처리할 수 없는 스트레스를 또 다른 세상인 언더그라운드에서 처리하려고 하는 움직임이 일어날 수 있다는 얘기입니다.

품격과 교양을 두루 갖춘 중년부인이 백화점에서 물건을 훔치다 잡혔다는 뉴스를 접합니다. 회사에서 근면 성실하다는 평을 듣던 30대 직장인이 도박에 빠져 회사 자금을 횡령했다는 뉴스도 들립니다. 이들의 행위 또한 언더그라운드가 만들어낸 결과물일지도 모릅니다.

어떤 남자는 직장에서 능력자로 소문이 나 상사들이 앞다퉈 그를 아꼈고, 성격마저 바르고 착해서 누구든 그에 대해 나쁜 말을 하는 사람이 없었다고 합니다.

그런데 성실하고 능력 있고 잘생긴 이 남자는 퇴근하면 곧바로 파친코로 달려가는 습관이 있었다고 합니다. 파친코도 엄연히 도박이고, 도박은 마약과도 같아 그 사람의 모든 것을 빨아들이는 습성이 있습니다.

그는 결국 월급날에 모든 돈을 파친코에 쏟아부었고, 나중에는 아내의 지갑에서 몰래 돈을 훔치는 등 회복불능의 도박중독에 빠지게 되었다고 합니다.

의사를 남편으로 둔 한 40대 여인은 매우 교양 있고 경제적으로도 부유해 지역의 부인회 활동이나 학교 어머니회에서 임원을 맡을 정도로 왕성하게 사회활동을 하고 있었습니다.

그런데 그 이면에는 전혀 다른 모습이 숨겨져 있었습니다. 그녀는 온라인에서 만난 남자들과 남몰래 성관계를 맺기 시작했고 그만둘 수가 없었다고 합니다. 도대체 왜 그런 상상하기 힘든 일들을 저지르면서도 그 일에서 벗어나지 못하는 걸까요?

어떤 여성은 어려서부터 부모의 기대를 한몸에 받으며 자라서 그 기대에 부응하고자 일류대학을 나와 대기업에 취업했다고 합니다. 직장에서도 실력을 인정받아 모두에게 장래가 촉망된다는 말을 들었다고 합니다.

그런데 20대 후반쯤부터 퇴근 무렵이면 업무 스트레스를 이기기 위해 한두 잔씩 술을 마시기 시작했고, 결국 서른 살을 넘겼을 때 의사로부터 위험하다는 진단을 받을 정도로 몸이 상하게 되었습니다.

겉으로 보기에 좋은 사람일수록 가지고 있는 자책감이 스트레스로 발전하는데, 문제는 그것을 바깥사회에서 표면적으로 처리할 수 없기 때문에 언더그라운드에서 해소하려는 심리가 발동하는 것입니다.

물론 도박이나 알코올중독 같은 언더그라운드에서 행한 일들도 결국에는 엄청난 자책감으로 다시 돌아오게 됩니다. 즉, 그들이 스트레스를 해소하기 위해서 선택한 방법조차도 새로운 자책감을 생산하고 마는 악순환을 만드는 것입니다.

이를 심리학에서는 '착한 아이 신드롬(Good Boy Syndrome)'이라 부릅니다. 이는 타인으로부터 착한 아이라는 반응을 듣기 위해 내면의 욕구나 소망을 억압하는 말과 행동을 반복하는 심리적 콤플렉스를 뜻합니다.

나는 상담을 통해 그러한 사람들에게 자신의 사정을 이해하고 자책감을 떨쳐버림과 동시에, 사람들의 기대에 부응하려고 너무 노력하는 것을 그만두라고 말합니다.

완벽하지 않은 자신, 약한 자신, 똑바로 해내지 못하는 자신을 용납하고 인간답게 원래 그대로 살아갈 것을 권하는 것입니다. 또한 몰래 숨어서 스트레스를 해소하지 않으면 안 되는 지금의 환경도 바꿔야만 한다고 잊지 않고 당부합니다.

POINT

좋은 사람의 마음속에는 항상 자책감이 쌓여 있어 그 스트레스를 처리하기 위한 언더그라운드의 세계가 필요하다. 하지만 그 세계는 말 그대로 언더그라운드이기 때문에 자칫하다가는 더 큰 자책감의 세계로 미끄러져 들어갈 수 있다.

제4장 | 자책감 속에 또 다른 내가 있다

PLUS 8.

언더그라운드에서
스트레스를 해소하면서 살아간다

타인이 보는 자신

언더그라운드

도박, 알코올중독, 불륜, 횡령 등
겉으로 표현할 수 없는 스트레스와
욕구를 해소하고자 저지르는 행동들.

언더그라운드 속에서 일삼는 일탈행동들로
오히려 자책감은 더욱 크게 생겨난다.

18

접착제가 되어 나타나는
불행한 인간관계

상대방에 대한 생각을 떨쳐버릴 수가 없다

심리적으로 상대방과의 경계선이 없어지고 항상 상대방에 집착하는 인간관계를 '유착(癒着)'이라고 합니다. 유착이란 심리적으로 '접착제로 서로를 붙인 듯한 상태'라고 비유할 수 있습니다.

예를 들어 부모와 유착관계가 되어버린 사람은 어른이 되고 나서 사회적으로 쌓게 되는 인간관계에서도 유착되기 쉬운 경향을 보입니다. 정말 좋아하는 사람과 계속 같이 있고 싶다고 생각해서 화장실 안까지 따라온다면 당연히 상대는 싫어할 것입니다. 그럴 정도로 상대에 집착하는 상태가 되면 피차 곤란한 사이가 될 것입니다.

유착이 형성될수록 하루 24시간 내내 계속 그 사람에 대한 생각을 머릿속에서 떨쳐버릴 수 없게 되고, 마치 그에게 의존하는 듯한 심리상태에 빠지게 됩니다. 하지만 그렇게 되면 정말 좋아하는 사람이라 해도 결국엔 점점 멀어지고 말 것입니다.

그러나 유착은 접착제로 딱 붙여버린 듯한 관계이기에 간단히 떨어트릴 수가 없다는 게 문제입니다. 이때 더 강력한 힘으로 떨어트리려고 했다가는 폭력, 파괴, 왕따 같은 상황을 초래할 수 있습니다.

얼마 전에 한 여성이 이런 이야기를 했습니다.

"최근에 몸 상태가 좋지 않아 병원에 갔어요. 검사를 받아야한다고 해서 바로 받았는데, 그 후로 정신적으로 몹시 힘들어져서……."

표정만으로는 몸 상태가 몹시 힘들다는 상황이 전달되었지만, 가만히 살펴보니 사실은 그다지 문제가 없는 것 같아서 이렇게 묻지 않을 수 없었습니다.

"그렇습니까? 무척 건강해 보이는데 상태가 그렇게 안 좋으십니까?"

그런데 그녀의 입에서 쏟아져 나온 말은 의외였습니다.

"아니요, 제가 아니라 엄마입니다. 저는 건강합니다."

유착관계가 구축되면 머릿속은 그 사람에 대한 생각으로 항상 가득 차게 됩니다. 그녀는 엄마와 오랜 기간 살아오면서 항상 엄마에 대한 생각을 하게 되었고, 그 결과 마치 자신의 일인 것처럼 엄마에 대해 이야기를 했던 것입니다.

상대방과의 관계에 경계선이 사라진다

어느 어머니가 상담을 받으러 와서 이런 말을 했습니다.

"이번에 딸이 시험을 보는데 성적이 생각만큼 오르지 않네요. 모의고사가 있을 때면 전날부터 나도 잠을 잘 수가 없고, 아이의 시험 결과에 따라 일희일비하게 됩니다. 지난번 모의고사 성적이 너무 안 좋아서 며칠 동안 누워만 있었습니다."

유착관계가 형성되면 상대방과 나 사이에 있던 경계선이 사라지면서 서로 감정을 공유하는 상태가 됩니다. 그렇게 되면 상대방에 대한 일들이 마치 자신의 일인 것처럼 느껴지고, 상대방의 감정에도 강한 영향을 받게 됩니다. 말하자면 매순간 상대에게 휘둘리게 되는 것입니다.

이러한 형태의 유착관계를 만드는 감정 중의 하나도 바로 자책감입니다. 예를 들어 앞서 소개한 딸은 병에 걸린 엄마를 항상 걱정하고 있었습니다. 만약 무슨 일이라도 생기면 '내 탓이 아닐까? 내가 너무 불효했기 때문이 아닐까?'라고 늘 자책감을 느끼는 습관을 갖고 있는 것입니다.

그런가 하면 수험생을 둔 어머니는 '내가 머리가 나쁘기 때문에 딸이 공부를 못하는 게 아닐까? 나의 교육 방식이 틀렸기 때문에 딸이 나쁜 점수를 받는 게 아닐까?'라고 항상 생각하고 있었습니다. 자신도 자각하지 못한 채 딸에게 자책감을 강하게 느끼고 있었던 것입니다.

불륜이 만들어낸 자책감

자책감이 유착관계를 만들어가는 과정을 조금 더 알기 쉬운 예로 설명하겠습니다. 다음은 불륜 관계인 A와 B의 대화입니다.

A : 최근에 연락을 자주 하지 않던데, 무슨 생각이야?

B : 아니, 일이 바빠서 그래. 더구나 너와의 관계를 그 사람이 눈치 챈 것 같아서……

A : 그게 무슨 상관이야? 나한테 그렇게 냉랭하게 굴면 당장 모조리 불어버릴 거야.

B : 그러지 않았으면 해. 미안해, 내가 더 자주 연락할게.

A : 내 말 허투루 듣지 마. 당신이 나한테 했던 말을 지키지 않으면 정말 끝장이야.

막장 드라마에서 흔히 볼 수 있는 장면일지 모르지만 배우자에게 불륜을 들키고 싶지 않은 B는 A의 기분을 풀어주려고 무엇이든 원하는 대로 들어주려고 할 것입니다.

그렇게 되면 일을 하고 있을 때도, 집에 있을 때도 항상 A에 대한 생각에 빠진 채로 그를 신경 쓰게 될 것입니다. '혹시 화가 나 있지 않을까? 설마하니 실토를 하겠어? 오늘 오후에는 연락을 했으니 당분간 괜찮을 거야……'

그렇게 B는 점점 A에 대한 생각을 떨쳐버릴 수 없어 유착이 형성되는 관계에 도달하고 A 또한 B의 마음이 행여 떠날까, 항상 신경을 쓰다 보니 그에게 유착되고 마는 것입니다.

그런데 그 뒤부터는 어떻게든 A의 마음을 풀어주려고 노력하던 B도 점점 피곤해지게 됩니다. 이윽고 B는 "나도 노력하고 있다! 적당히 좀 해!"라며 화를 내며 말하게 될 것이고, 점점 발전해서 A에게 폭언이나 폭력을 휘두르는 경우에까지 이르게 될 수 있습니다.

이렇게 극단적인 경우는 그리 흔하지 않지만, 다른 형태로는 아주 널리 퍼져 있습니다. 직장에서 상사와 부하 관계에 있는 사람들끼리 유착관계가 구축되면 커다란 장점이 되지만, 만약 누군가의 제안으로 잘못된 방향을 선택하게 되면 돌이킬 수 없는 상황을 맞닥뜨리게 됩니다.

이따금 언론에 오르내리는 기업사회의 회계 부정도 마찬가지입니다. 임원과 담당직원이 유착관계를 유지하면서 엄청난 뒷돈을 챙겨 회사에 손해를 끼치거나 고객에게 손실을 끼치는 상황이 바로 악의적인 유착관계의 대표적인 일면입니다.

POINT

> 서로 감정을 공유하게 되는 유착관계에서는 자책감이 크게 작용한다. 유착된 관계에서는 항상 상대방에 대해 생각하게 된다. 마치 두 사람의 인생을 동시에 살아가게 되는 셈이니 그만큼 스트레스도 증가한다.

자책감으로 이어진 유착관계

유착관계가 되면 관계 사이의 경계선이 사라져서
자신도 모르게 상대의 감정에 휩쓸리게 된다.

19

물건에 대한 의존증에도
자책감이 숨어 있다

여러 가지 배경이 복합된 자책감

유착이 사람과 사람끼리 심리적으로 밀착된 상태를 말한다면, 사람이 아니라 사물에 밀착하는 상태는 의존증이라고 부릅니다. 사실 사람이 심리적으로 사물과 유착하는 경우는 흔히 볼 수 있는 광경입니다.

　알코올중독, 일중독, 도박중독, 연애중독 등 다양한 의존증이 있는데 심리학적 관점에서 보면 사람과의 유착과 거의 비슷하다고 봐도 좋습니다. 물론 의존증이 되는 배경에는 자책감만이 아니라 스트레스나 공포, 불안 같은 몇 가지 요인이 더 겹쳐져 있습니다.

어떤 사람은 '이렇게 도박에 빠져서는 안 되는데……'라고 반성합니다. '가족에게도 미안하고, 나 자신도 너무 힘들고, 그런데 그만둘 수가 없다……'라고 후회합니다.

하지만 오늘도 어쩔 수 없이 시계추처럼 도박장으로 발걸음을 옮깁니다. 머리로는 알고 있지만 그만둘 수 없는 이런 상태는 의존증의 대표적인 증상인데, 여기엔 '마비'라는 또 하나의 증세가 개입됩니다.

자책감을 계속 느끼다보면 감정적 마비가 오는데, 최종적으로는 무감각해진다는 뜻입니다. 자신의 도박 행위가 잘못된 것이라고 명백히 인지하면서도 자신도 모르게 도박장으로 향하는 것이 바로 '마비' 상태로, 나중엔 될 대로 되라며 감각을 잃어버리는 상황까지 치닫게 됩니다.

자책감이라는 감정도 마찬가지입니다. 처음에는 좋지 않은 일을 했다고 자각을 하지만 그것을 반복하는 사이에 '뭐, 어때?'라는 정당화가 시작되고, 점점 자책감을 느낄 수 없게 됩니다. 자책감을 계속 느끼고 있는 상태는 견디기 힘들기 때문에 그런 감정을 스스로 마비시켜서 아예 느끼지 않게 만드는 것입니다.

문제는, 마비 상태는 스스로 인지하고 있다는 사실만으로 없어지는 게 아니라는 점입니다. 게다가 느끼고 싶지 않아서 감정을 마비시킨 것이니 마비가 지속될 수 있는 강한 자극을 계속 줄 수밖에 없게 됩니다. 그렇기에 의존증에서 벗어나지 못하고 더욱 최악의 상황에 엮이게 되는 것입니다.

일중독이 되어 집안을 돌볼 수 없는 것도, 술에 빠져서 알코올중독에 허덕이는 것도, 여러 명의 애인을 만들어 양다리 연애를 하는 것도, '양심'이라는 관점에서 보면 자책감을 느끼지 않고 외면하려는 과정에서 생기는 것들입니다.

좋지 않다고 알고 있기 때문에, 오히려 그 자책감을 마비시킬 필요가 있다고 생각해서 반대로 점점 빠져버리는 이 악순환은, 마음속에 잠재되어 있는 자책감에서 비롯되는 것입니다.

POINT

사람이 아닌 사물과 유착하는 의존증에도 자책감이 강하게 존재하는데, 감정이란 계속 느끼다보면 마비되는 성질이 있기 때문에 오히려 강한 자책감을 느낄 만한 행동을 찾게 된다.

20
타인과의 적절한 거리감을
느끼지 못한다

○
│
│
│
│
○

유착은 여러 가지 얼굴을 가진다

유착이라고 하면 엄마와 아들 사이의 관계가 가장 유명하지만 그밖에도 아빠와 자녀 간의 유착도 있고, 애인과의 유착, 부부 간의 유착도 흔히 나타납니다.

아이 때부터 부모와 유착이 형성되었으면 이른바 '유착 체질'이라는 게 만들어져서 어른이 되고 나서도 애인에게 유착을 하거나 회사에서 상사나 동료에게 유착을 하는 등 다양한 국면에서 유착을 유발하는 경우가 많습니다.

제4장 | 자책감 속에 또 다른 내가 있다

특히 모자간의 유착은 처음부터 부모 사이의 관계가 별로 좋지 않은 경우, 다시 말해서 두 사람 사이에 심리적 거리가 큰 경우가 많아서 남편에게 가야 할 감정이 자식에게로 향해 생기는 것입니다.

게다가 엄마가 과도한 간섭이나 보호, 걱정을 남발하거나 정신적으로 나약한 사람인 경우, 또는 자식에게 별 흥미가 없는 방임주의라도 모자간의 유착은 생기기 쉽습니다.

어린 시절에는 엄마가 지나친 간섭을 하고 있다는 인식이 없어 아무렇지도 않지만, 자식이 어른이 된 후에도 엄마가 감정적으로 히스테리를 일으키거나 과도하게 밀착된 감정을 드러내면 자식은 결국 큰 부담감을 느끼게 됩니다.

이것은 앞서 소개한 '엄마가 명령한 대로 실천할 수 없어 자책감이 생긴다'라는 아이의 경우와 연관 지을 수 있는데 지나친 간섭이나 보호, 걱정을 남발하는 부모일수록 자식에게 매우 강하게 요구하기 때문입니다.

엄마의 요구나 기대에 부응하려고 노력하지만 거기에 모두 응할 수 없었던 자식들은 점점 자책감의 수렁에 빠지게 됩니다. 물론 엄마 쪽도 표면상으로는 그렇게 보이지 않지만 자식에게 습관적으로 간섭하고 잔소리를 늘어놓는 것에 대해 자책감을 느끼게 되고, 결국 서로가 자책감을 공유하면서 더욱 단단한 유착관계를 형성하게 됩니다.

어른과 아이의 마음을 동시에 갖고 있는 사람

실제로 말을 듣지 않는다고 히스테리를 부리거나 자기 생각대로 아이를 움직이기 위해 아이의 자책감을 이용하는 엄마도 적지 않습니다. 이런 상황에서 아이는 아직 자립할 경제력이 없기 때문에 결과적으로 엄마의 지배하에 놓이게 됩니다.

그렇게 되면 아이는 무엇을 하든 엄마의 눈치를 보게 되고, 엄마가 승낙하지 않으면 하고 싶은 일도 할 수 없게 됩니다. 그러다 성장과 함께 유착관계에 점점 괴로움을 느끼게 됩니다. 이것이 바로 사춘기 무렵의 반항기가 시작되는 징후로, 엄마로부터 자립하려고 하는 과정에서 벌어지는 현상입니다. 아이는 사춘기라는 반항기에 접어듦으로써 드디어 엄마로부터 자립하려고 합니다.

이때 엄마는 히스테리를 부리며 아이의 자립을 막으려고 하거나 싫은 기색을 보이며 공격적인 태도로 아이를 자신의 지배하에 계속 두려고 하는 경향을 나타냅니다. 그래서 이 시기에 엄마 입장에서는 유착의 정도가 점점 강해지고, 아이 입장에서는 반항이 더욱 격해지게 됩니다.

사춘기가 지나 10대 후반이나 스무 살 안팎의 연령대가 되었을 때 '빨리 집을 나가고 싶다', '일자리를 찾아 자립을 해야겠다'라는 생각을 해본 적이 있습니까?

그런 과정에서 히스테리를 쏟아내는 엄마에게 감정으로는 이길 수 없기에 이성적으로 논리정연하게 맞서서 엄마를 설득하거나 아니면 감정의 창문을 완전히 닫아버린 채 무관심으로 일관하는 사람도 있었을 것입니다.

하지만 문제는 그렇게 해서 자립을 이루더라도 유착을 끊을 수 없다는 점입니다. 사춘기에 강제로 엄마로부터 자립을 얻어내더라도, 자신의 마음을 딱 반으로 잘라 분리시켜버리는 일이 일어나기 때문입니다.

즉, 이성적/물리적으로 엄마와 거리를 두는 '어른인 나'와 여전히 감정적/심리적으로는 엄마와 유착 상태인 '아이인 나'로 자신을 분리시키는 것입니다. 그렇게 되면 자기모순을 느끼는 현상이 빈번하게 일어나 이성적(현재의식 레벨)으로는 이렇게 생각하기 쉽습니다.

"더 이상 엄마와 나는 상관없는 사이야. 이렇게 멀찌감치 거리를 두고서 엄마가 말하는 대로 순순히 따르지 않을 것이고, 엄마에게 그 어떤 영향도 받지 않을 거야."

실제로 일상생활에서 엄마라는 존재를 염두에 두지 않고 혼자 살아가는 사람은 의외로 많습니다. 그런데 묘하게도 어느 순간 엄마한테서 연락이라도 오면 마음이 들썩이게 됩니다. 이때 엄마가 무슨 부탁이나 명령을 하면 불쾌하더라도 그대로 따르지 않으면 안 될 것 같은 기분이 듭니다.

이성적으로는 무시하면 된다고 생각해도 '엄마에게 못할 짓이다', '엄마가 불쌍하다' 같은 감정이 생겨 어린 시절처럼 엄마의 말을 곧이곧대로 듣게 됩니다.

이런 심리상태가 지속되면 이른바 '친밀감에 대한 공포'가 나오게 됩니다. 친밀한 관계가 유착관계로 발전할 수 있기 때문에 사람들과 필요이상으로 거리를 좁히는 일을 두려워하게 됩니다.

이것은 특히 파트너십에서 현저한 영향력을 보입니다. 좋아하는 사람이 있는데 가까워질 수 없다라든가 거리가 가까워지면 도망치고 싶다라는 생각이 듭니다.

이런 식의 친밀감에 대한 공포는 최근 심리상담에서 자주 다루는 테마로, 요즘의 세태가 아닐까 하는 생각마저 들 정도입니다. 이 패턴에서 핵심적인 부분은 '이성(현재의식 레벨)'과 '감정(잠재의식 레벨)'의 인식이 어긋난다는 점입니다.

'왜 나는 친구들과 더 친밀해질 수 없는 것일까?', '왜 나는 사람들과 거리를 좁힐 수 없는 것일까?', '왜 나는 매번 강한 자극에 의존하는 것일까?'라는 의문을 가지며 본인의 혼란스러운 마음을 스스로도 이해하기 어려워합니다.

게다가 이야기를 조금 더 복잡하게 만들자면 '어른인 나'에게는 어른의 이성이 있고, '아이인 나'에게는 아이의 감정이 있다는 점입니다. 따라서 어른과 아이 사이에서 오가는 잡다한 생각들이 마음속에서 교차되기 때문에 감정은 더욱 혼란스러워집니다.

엄마와의 관계를 예로 들었지만, 또 다른 예로 '수준 이하인 남자친구와 사귀고 있는데, 계속 그를 떠날 수가 없다', '하고 싶은 일이 있는데 지금 다니고 있는 직장을 떠난다는 자책감 때문에 좀처럼 사직서를 낼 수가 없다' 등의 모순적인 감정이 얽힌 문제들도 같은 맥락이라고 볼 수 있습니다.

POINT

엄마와 유착관계가 형성되어 있으면 사춘기 시절 자립심에 눈을 뜨게 되었을 때 극심한 반항을 하게 된다. 이때 무리해서 자립을 하면 이성적으로는 부모로부터 거리를 둘 수 있어도 감정적으로는 유착된 상태 그대로인 모순된 상황에 놓이게 된다.

PLUS 10.

어린 시절의 나에 멈춰 버린
엄마와의 유착관계

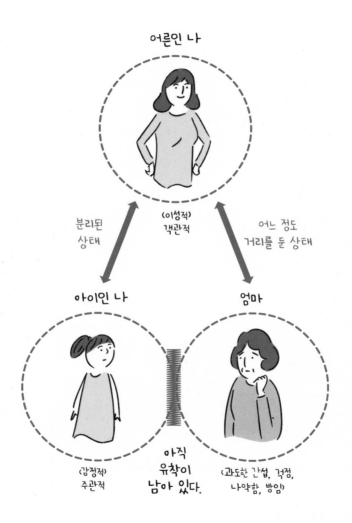

어른인 나

(이성적)
객관적

분리된
상태

어느 정도
거리를 둔 상태

아이인 나

엄마

(감정적)
주관적

아직
유착이
남아 있다.

(과도한 간섭, 걱정,
나약함, 방임)

21

나의 장점에
자책감을 느낀다

자신의 장점을 제대로 발휘할 수 없는 사람

'상냥하다', '현명하다', '사랑스럽다', '긍정적이다' 등등 사람들은 저마다 하나 이상의 장점을 가지고 있는데, 자신의 장점이 무엇인지 제대로 알지 못하는 사람이 참 많습니다.

심리학자들은 자신의 장점을 알기 위해 항상 노력하고 주위 사람들에게 "나의 장점은 무엇입니까?"라고 물어보길 충고합니다. 분명히 남다른 장점을 가지고 있는데, 어떤 이유로 자신의 장점을 발휘할 수 없다면 이 또한 자책감으로 발전할 수 있기 때문입니다.

여기 배려심이 깊은 남자가 있습니다. 직장 후배가 곤란한 상황에 처한 것 같아 몹시 신경이 쓰인 나머지 "도와줄까?" 하고 말을 겁니다. 그 후배는 물론이고 주위사람 모두는 그의 그런 배려심을 잘 알고 있기에 기꺼이 도움을 받겠다고 말합니다.

그런데 어느 날 조금 짜증나는 일로 기분이 가라앉아 있는데, 일이 잘 풀리지 않는 듯한 후배의 모습이 눈에 들어왔습니다. 도움을 주고 싶지만 짜증이 나 있는 상태이기 때문에 그를 외면하고 말았습니다. 그렇게 업무를 마치고 집으로 돌아가는 길에 그는 후배를 생각합니다.

'그렇게 내버려둬도 괜찮았나? 무슨 문제라도 생기지 않았을까? 내가 도움을 줘야 하지 않았을까?'

이때 그가 느끼는 감정이 바로 자책감입니다. 만약 그가 배려심이 깊다는 장점을 가지고 있지 않았다면 그런 생각을 하지 않았을 것입니다. 그런 장점이 있기에 자책감을 느끼게 된 것입니다.

여기서 말하는 사람이 바로 당신이라면, 당연히 그럴 필요가 없다고 말해주고 싶습니다. 당신도 인간이기에 짜증날 때도 있고 여유가 없을 때도 있습니다. 문제는, 이때 자책감이

어김없이 당신의 마음에 떠오른다는 것입니다.

　이런 식으로 우리들은 자신의 장점을 발휘할 수 없을 때에도 강한 자책감을 느끼곤 합니다. 하지만 이를 반대로 말하면, 당신이 어떤 일로 자책감을 느꼈던 적이 있을 때 그 일로부터 거슬러 올라가보면 자신의 장점에 다다를 수도 있다는 얘기입니다. 그렇기에 심리 상담가들은 상담자들이 어떤 일로 자책감 때문에 고민하면 이렇게 말해줍니다.

　"그 일이 바로 당신의 장점입니다. 곤란한 사람을 내버려둘 수 없을 만큼 배려심이 깊기에 고민하는 것입니다."

POINT

평상시에 친절한 사람은 누군가에게 친절을 베풀지 못할 때 자책감을 느낀다. 이런 식으로 누구든 자신의 장점이 반대로 자책감을 낳는 경우가 있다.

22

사랑과 자책감의 양은 비례한다

사랑이 강하기에 자책감도 강해진다

아들에게 무슨 일이 생겼을 때, 대부분의 엄마들은 자신의 탓이라며 강한 자책감을 느낍니다. 그 정도로 자식을 깊이 사랑하기 때문입니다. 무척 좋아했던 연인과 이별을 해야 할 때, 상대방에게 이렇게 아픈 상처를 주었으니 나는 이제 행복해져서는 안 된다는 식으로 자책감을 느끼는 것도 그만큼 상대를 사랑했기 때문입니다.

그들의 말을 듣다보면 사랑이 강하기 때문에 강한 자책감 또한 생기는 게 아닐까 생각하게 됩니다. 자책감의 크기는 사랑의 양에 비례한다는 얘기입니다. 그렇기 때문에 어떤 일에 대해 자책감을 크게 느낄 때 그 이면에는 그와 비슷한 양의 강한 사랑이 있다고 볼 수 있습니다.

연애할 때마다 실패의 쓴잔을 마시는 여성이 상담실을 찾아왔습니다. 그녀는 자신은 행복해질 수 없는 사랑을 한다며 씁쓸히 웃었습니다. 그녀는 항상 "나는 행복해져서는 안 된다", "나에겐 행복할 자격이 없다"라고 말하는데, 나는 여러 차례의 만남 끝에 그 이유를 알아챌 수 있었습니다.

어린 시절 그녀의 부모는 줄기차게 싸움만 했다고 합니다. 아버지는 평소엔 친절한 사람이었지만 술만 마시면 스스로 감당하지 못할 일에 빠지곤 했다고 합니다. 바로 폭언입니다.

엄마는 밝은 성격이었지만, 남에게 지기 싫어하는 성격이라 아버지의 그런 태도에 물러서지 않았다고 합니다. 그때마다 서로를 헐뜯는 폭언으로 가득한 싸움과 아파트 난간에 나가 홀로 우는 엄마가 있었습니다. 어린 시절의 그녀는 그런 광경을 볼 때마다 마음이 찢어질 듯이 아팠다고 합니다.

사춘기가 되었을 무렵, 그녀는 차라리 부모님을 이혼시키려고 노력했다고 합니다. 하지만 이상하게도 부모님은 이혼을 하지 않았고, 그렇다고 싸움도 멈추지 않는 불행한 부부생활을 계속 이어갔습니다.

그녀는 부모가 싸움을 시작할 때마다 자신이 엄마에게 도움을 줄 수 없다는 자책감에 시달렸습니다. 바로 그때의 경험이 그녀의 잠재의식 깊은 곳에 박혀 '엄마에게 도움을 줄 수 없는 나는 행복해져서는 안 된다'라는 믿음을 갖게 만들었던 것입니다.

그녀는 엄마를 너무나 사랑했기에 도움을 줄 수 없는 무력감 또한 크게 느꼈고, 그런 자책감 때문에 자신 또한 무의식의 명령에 따라 행복해지는 것을 거부하게 되었습니다.

나는 그녀에게 자책감이 아닌 사랑을 선택하라고 말했습니다. 부모님을 사이좋게 만들려고 이것저것 신경을 쓴 것, 울고 있는 엄마를 위로한 것, 폭언을 일삼는 아버지에게 맞선 것 등 그 모든 마음과 행동이 결국엔 부모님의 화해로 귀결되지는 않았지만, 그 모든 것들은 부모를 향한 사랑 때문에 일어난 일로 결코 아무것도 하지 않았던 게 아니라고 말해주었습니다.

"당신이 행복해지는 것이야말로 부모님을 도울 수 있는 지름길입니다. 당신이 행복한 결혼생활을 할 때 비로소 가슴을 펴고 '지금의 내가 있는 것은 부모님 덕분'이라고 말할 수 있지 않겠습니까? 그 말을 듣는 부모님은 어떤 기분이 되겠습니까? 당신이 자신들을 용서했다는 것, 그리고 당신이 자신들의 딸임을 자랑스럽게 여길 수 있지 않겠습니까?"

내 말을 듣는 동안 눈물을 멈추지 못했던 그녀는 오랜 자책감을 버리고 진짜 행복의 삶을 선택하겠다고 다짐했습니다.

POINT

사랑이 강할수록 자책감도 강해진다. 자책감이 아니라 그 속에 있는 사랑에 포커스를 맞춤으로써 자신을 용서하고 스스로 행복하게 되는 것을 허락할 수 있다.

PLUS 11.

사랑과 자책감의 관계

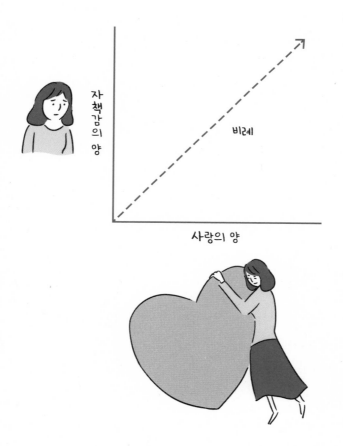

아이들에게 무슨 일이 생겼을 때 부모들이 자신의 탓을 하는 것처럼,
자책감을 느끼는 것은 그만큼 상대를 사랑하기 때문이다.
자책감의 이면에는 똑같은 크기의 사랑이 숨어 있다.

23

자책감 때문에 타인과의
연결고리를 끊고 싶다

얼굴을 들고 다닐 수 없다는 참담함

'나는 나쁘다'라는 자책의 감정이 클수록 사람들을 만나면 스스로를 탓하기 쉽습니다. 특히 친절한 사람, 좋은 사람, 웃는 얼굴로 가까워지려는 사람들로부터 도망을 가게 됩니다.

C는 술과 도박을 좋아하는 남자였습니다. 일주일에 서너 번 파친코나 경마장을 돌아다니는데, 처음엔 그저 단순한 스트레스 해소 정도였지만 점점 도박에 거는 금액이 커지더니 이제는 주위사람들의 제지를 받을 정도가 되었습니다.

그도 이것이 나쁜 습관이란 걸 분명히 인식하며 자책감을 느끼고 있었지만, 이것 말고 별다른 스트레스 해소법을 알지 못하는 데다 언젠가 그만두면 된다고 생각했습니다.

하지만 월급을 전부 탕진해버리는 일까지 생기자 가족이나 친구들의 잔소리는 차츰 커지게 되었고, 그 때문에 C는 점점 주위사람들의 눈치를 보게 되었습니다.

그때부터 친구들과 거리를 두기 시작했습니다. 친구들의 잔소리가 듣기 싫었고, 한편으로는 이런 짓을 하고 있기에 친구들에게 면목이 없다고 느껴졌기 때문입니다.

이제 그는 부모님과 대면을 회피할 정도로 가족들과 거리를 두게 되었고, 오랫동안 사랑했던 연인과도 헤어지고 말았습니다.

자책감은 '사람들에게 얼굴을 들 수 없다, 미안하다'라는 비참한 기분을 만들어냅니다. 그런 비참함을 외면하다보면, 어느 순간 말할 수 없이 고독한 상황에 놓일 수 있습니다. 자책감으로 인해 대인관계까지 끊어질 수도 있는 것입니다.

POINT

자책감이 있으면 소중한 사람이 무엇을 말하고 행동해도 자신의 언행을 탓하는 것처럼 느껴져서 점점 거리를 두게 되고, 결국에는 고립되고 만다.

제5장

내 인생의 주인공은
도대체 누구일까?

24

모든 문제는 스스로
만들어내고 있다

타인중심으로 살아가는 버릇

자기 자신을 용서하는 법을 소개하기 전에, 문제는 스스로가 만들어내는 것이라는 주체적인 의식을 가지는 게 중요합니다.

일반적으로 문제는 외부에서부터 발생되는 경우가 많아 보입니다. '남편이……', '회사가……', '부모님이……', '돈 때문에……'라며 자기 이외에 외적인 측면에 문제가 있는 듯이 말합니다. 외적인 부분에 문제가 있는 것이라면 자신에게는 잘못이 없다는 말이 되기에 '내가 아닌 네가 바꾸어야 한다'라며 타인이나 상황을 컨트롤하고 싶어집니다.

그것만이 아닙니다. 때에 따라서는 자신을 피해자 입장에 두고 상대방을 가해자 위치에 세우는 경우도 있습니다. 하지만 그런 태도는 타인에게 의존하는, '타인이 중심인 인생'을 사는 것이라고 할 수 있습니다.

어떤 사람은 말을 할 때 자신 이외에 타인이 주어가 되는 경우가 많은데 이는 자기 인생의 주인공 자리를 타인에게 넘기는 행동과 다름없습니다. '이것은 내 인생이고 내가 주인공이다'라는 태도를 중심으로 삼아야 스스로를 위한 삶의 방식을 찾는 '자기중심의 인생'을 살 수 있습니다.

자기중심으로 살면 능동적이고 적극적인 삶의 주인공이 됩니다. 이 상태는 매우 자유롭고 창조적입니다. 주변의 상황에 좌지우지되지 않기 때문에 언제나 자기다운 모습을 유지할 수 있습니다.

반면에 타인중심으로 살면 주위사람을 탓하거나 통제하고 싶어지기 때문에 항상 불안하고 괴로운 기분을 느낍니다. 하지만 스스로가 먼저 행동하지 않아도 되기 때문에 어떤 의미에서는 책임감과 의무를 덜며 속 편하게 산다고 볼 수도 있습니다. 이 이유 때문에 우리는 계속해서 타인중심으로 살아가고 있는 것인지도 모릅니다.

"회사가 더 지원해주면 좋겠는데……."

"상사가 더 빨리빨리 피드백을 해주면 좋겠는데……."

"남편이 조금만 더 요령이 있으면……."

"아내가 조금만 더 눈치가 빠르면 좋겠는데……"

이런 생각에는 상사나 남편이 나쁘고 부족하기 때문에 그들이 바뀌지 않으면 안 된다는 인식이 있기 마련이라 자신은 바뀌지 않아도 된다는 전제가 깔려 있습니다.

하지만 모든 문제는 다름 아닌 자기 자신에게 있습니다. 이를 알아차리는 게 중요합니다. 회사도, 상사도, 남편도, 애인도, 모두들 나에게 문제가 있음을 알아차리도록 스위치를 눌러주는 존재에 지나지 않는다고 생각해야 합니다.

나에게 문제가 있다는 의식이 중요하다

"남편은 집안일을 하나도 돕지 않는 데다 자주 불평불만을 쏟아내요. 때로는 상의도 없이 친구들에게 큰돈을 빌려주기까지 해요."

이렇게 말하는 여인이 있다고 칩시다. 이 문제를 주체적으로 해결하고자 할 때 '남편도 문제지만 어쩌면 나에게도 문제가 있지는 않았을까?'라고 자기중심으로 생각해보면 문제 해결의 방향은 현저히 달라집니다. 남편에게 문제가 있으니 그가 먼저 변해야 한다는 식의 완강한 태도로는 해결책을 도저히 찾을 수 없다는 얘기입니다.

예를 들어 이런 말을 들은 남자가 있다고 칩시다.

"미안하지만 이번 달 말까지만 일하고 회사를 나오지 않으면 좋겠습니다. 당신은 해고입니다."

그런데 남자는 20년 동안 갚아나갈 대출을 받은 지 이제 겨우 2년이 지난 데다, 초등학교 4학년과 2학년짜리 남매가 있어서 앞으로 큰 목돈이 들어갈 곳도 많습니다.

하지만 그는 내세울 만한 자격증이 하나도 없어서 전직은커녕 독립할 엄두조차 내지 못합니다. 상황이 이렇다 보니 그의 마음속에는 근심과 한숨만 늘어갈 뿐입니다.

그러나 같은 상황이라도 이런 사람이 있습니다.

"언젠가 독립해서 개인회사를 차리려고 기회를 엿보고 있었는데, 용기가 나지 않아 좀처럼 결단을 내리지 못하고 있었어. 해고는 어쩌면 이번 기회에 이직을 하라고 하늘이 내 등을 떠밀어주는 기회일 수도 있어."

이렇게 되면 해고를 당하는 것 자체가 문제가 되기는커녕 인생 역전의 기회가 된다고 볼 수 있습니다. 남편이나 회사는 어떤 상황이든 현재의 문제에 대해 알아차리라고 가르쳐주는 계기일 뿐입니다. 그 순간을 통해 앞으로의 인생에 의미 있는 선택을 할 수 있는 존재는 당신뿐입니다.

모든 문제의 중심에는 자신이 있고, 그것을 해결할 당사자도 자기밖에 없다는 자기중심의 사고방식을 가지게 되면 자책감이 들어설 자리는 없습니다. 자책감은 타인중심의 관점으로 인생을 바라보기 때문에 파생되는 것이라는 사실을 항상 기억하기 바랍니다.

POINT

무슨 문제가 생겼을 때 다른 사람의 탓으로 보는 타인중심에서 자기중심으로 문제를 해석할 수 있게 의식을 바꾼다면, 주체적으로 문제를 마주하고 창조적으로 풀어나갈 수 있다.

PLUS 12.
타인중심과 자기중심의 차이

어느 쪽을 중심으로 두고 살아가느냐에 따라
삶을 바라보는 태도와 나에게 건네는 말이 달라진다.

25

자기중심으로
살아간다는 것

문제 해결을 남에게 맡기지 않는다

자기중심과 타인중심에 대해 좀 더 구체적으로 살펴보겠습니다. 타인중심으로 살면 문제가 생겨도 '나는 나쁘지 않다, 상대방이 더 나쁘다'라는 식으로 해석하게 돼 문제 해결을 상대방에게 떠맡기게 되는 것과 다름없습니다.

상대방이 어쩌다 그 문제를 해결해주면 좋겠지만 그렇지 않을 경우, 당신은 계속 연락을 기다리다가 데이트에서 바람을 맞는 것과 같은 상황을 겪게 될 것입니다. 그 시간 동안 당신은 짜증이 나면서도 상대방의 말이나 행동에 따라 휘둘릴 수밖에 없습니다.

가령 '아내가 바람을 피운다. 나쁜 쪽은 아내니 제대로 그 남자와 헤어지고 난 뒤 나에게 사죄하고 그에 따른 벌을 받아야 한다'라고 생각하는 경우가 많습니다. 법률적으로 그리고 윤리적으로 이 말이 옳을지도 모릅니다.

하지만 그런 태도로 버티고 있는 동안에도 문제는 좀처럼 해결되지 않을 것입니다. 아내가 반성하고, 그 남자와 헤어지고 당신에게 돌아온들 또 다시 배신하지 않을까 하는 불안 때문에 아내를 감시하고 속박하는 일에 막대한 에너지를 쓰고 말 것입니다. 그렇다면 정말로 문제를 해결했다고 할 수 있겠습니까?

자기중심으로 살아가면 다릅니다. 문제를 조금 더 주체적으로 받아들이면서 자신을 돌아볼 수 있게 됩니다.

"내가 아내에게 너무 소홀했던 것은 아닐까?"

"아내의 사랑을 너무 당연하다고 여긴 것은 아닐까?"

"내가 아내에게 너무 의존적이었던 걸까?"

"내가 아내를 너무 무시해서 화가 났던 것은 아니었을까?"

이런 식으로 생각하면 문제를 주체적으로 마주할 수 있게 됩니다. 다시 한 번 말하지만, 일방적으로 아내를 비난하고 책임을 묻는 것으로는 절대 문제를 해결할 수 없습니다.

실제로 나는 이런 상담자를 만나면 아내가 바람을 피우지 않으면 안 될 사정에 대해 먼저 생각해보라고 말합니다. 이것은 불화를 야기한 원인을 50:50으로 대등하게 바라보라고 제안하는 것입니다.

분명히 불륜을 저지른 아내에게 문제가 있지만, 남편도 자기에게 무슨 문제가 있어 지금의 상황을 낳았는지 생각해보라는 뜻입니다. 이것이 바로 자기중심적 사고법입니다. 몇 가지 방법을 더 소개하겠습니다.

1. '나는 나, 남은 남'이라고 명확한 선을 긋는다.

'나는 나, 너는 너'라는 식으로 자기중심적인 생각을 확립하기 위해 필요한 대상(부모, 연인, 직장 상사 등)을 넣어서, 그 말을 몇 번씩 입으로 뱉으며 선언합니다.

"나는 나, 아들은 아들."

"나는 나, 부모님은 부모님."

"나는 나, 사장님은 사장님."

2. '나'라는 주어를 분명하게 인식한다.

타인중심이 되었을 때는 주어가 타인이 됩니다. 여기서 '나는' 또는 '내가'라는 주어를 의식하면서 대화를 하거나 생각하는 것이 중요합니다. '나는 초콜릿이 먹고 싶다', '나는 슬프다', '나는 지금부터 쇼핑을 하러 간다' 등 평소에 의식하지 않던 주어로서의 나 자신을 분명하게 짚어보면 자기중심을 구축하기가 한결 쉬워집니다.

3. 지금 할 수 있는 일을 한다.

지금 당장 할 수 있는 일을 무엇이든 찾아내 행동에 돌입하기 바랍니다. 엄청난 일이 아니어도 좋습니다. '노래를 부른다', '차를 끓인다' 같이 간단한 것이라도 당장 해보기 바랍니다.

지금 할 수 있는 일을 한다는 사실을 매일 의식해서 실행하다보면 자신에게 온전히 의식을 향할 수 있게 되어 자기중심을 확립하기가 용이해집니다.

4. '나'를 자주 칭찬한다.

이것은 자기긍정감을 올리는 방법으로도 효과적인데 자신을 의식적으로 칭찬하는 행동을 말합니다. 예를 들어 '칭찬일기'라고 해서 매일 무엇이라도 좋으니 5가지 정도 자신을 칭찬하는 일기를 써보십시오. 이런 식으로 매일 칭찬일기를 쓰다보면 점점 자신의 매력을 발견하게 되고, 웃는 얼굴이 늘고, 마침내 자기중심적인 삶을 구축할 수 있게 됩니다.

5. '할 수 있는 일'과 '할 수 없는 일'에 확실하게 선을 긋는다.

'내가 이것을 할 수 있을까?' 하고 자신에게 질문을 던지는 경우가 있습니다. 타인중심이 되었을 때는 상대방이 의식의 중심에 있기 때문에 그 사람의 일까지 짊어져서 해내려고 합니다. 이것은 자책감으로부터 오는 보상행위인 경우가 많은데, 그러면 짊어져야 할 부담이 기하급수적으로 늘어납니다. 그러나 자기중심의 생각은 다릅니다.

"상대방의 기분까지 내가 어떻게 할 수 있는 건 아니다. 나로서는 어쩔 수 없는 일이다."

"시험을 치는 것은 내가 아니라 딸이다. 나는 단지 응원밖에 할 수 있는 게 없다."

이런 식으로 할 수 있는 일과 할 수 없는 일에 대한 구분을 확실히 해놓음으로써 불필요한 부담과 걱정에서 벗어나 의식을 자신에게 향하도록 하면 자기중심적인 일상을 살아갈 수 있게 됩니다.

> **POINT**
>
> 모든 문제를 50:50으로 균형감 있게 해석하면 누군가를 일방적으로 나쁘다고 생각하지 않고 현실을 긍정적으로 바라볼 수 있게 된다. 그러기 위해서는 생각을 할 때 '나'라는 주어로 이야기를 시작하는 것이 중요하다.

PLUS 13.
내 탓을 하는 것과 자기중심의 삶은 다르다

'나는 나, 너는 너'라는 생각을 중심에 두고, 내가 할 수 있는 일들을
우선적으로 해결해나가는 태도가 필요하다.

26
자기긍정감이
중요하다

스스로에게 상처를 주는 말을 멈춰라

자책감에 얽매어 있으면 자신을 한심한 인간으로 취급해 쉴 새 없이 스스로를 벌하려고 합니다. 심한 욕설을 퍼붓고, 모욕적인 말도 서슴지 않습니다. 만약 당신이 스스로에게 하는 말을 다른 사람에게 한다면 명예훼손으로 고소를 당하거나, 폭력사태로 번질 수 있을 정도입니다.

당신은 혹시 주위사람들이 실수를 할 때는 괜찮다고 친절하게 말하면서도 같은 실수를 저지르는 자신에게는 '정말 무능하다! 얼마나 민폐를 끼칠 생각이냐! 정말 바보 같다!'라는 말을 마음속으로 내뱉지는 않습니까? 아니면 그보다 더 가혹한 말을 해서 스스로에게 상처를 입히지는 않습니까?

자책감은 자신에게 퍼붓는 비난의 소리를 더욱 격심하게 만듭니다. 주위사람이 보기에는 온화한 사람이 마음속으로는 처참하게 자신을 추궁하는 경우가 흔할 정도로 이런 현상은 자책감의 대표적인 증상입니다.

우리의 내면세계는 다른 사람들의 눈에 보이지 않기에 그 안에서 학대에 가까운 일들이 일어나더라도 전혀 알아차릴 수가 없습니다. 그렇기 때문에 우리는 온 힘을 다해 마음대로 자신을 힐난하면서 상처를 줄 수 있는 것입니다.

하지만 당장 멈춰야 합니다. 자신을 탓하고 자신에게 심한 상처를 줄 만한 발언을 멈추는 것이야 말로 바로 자신을 용서하는 일입니다.

물론 그런 식의 자기비난은 오랜 기간 동안 만들어진 습관이기에 단칼에 멈춘다는 것은 무척 어려운 일일 것입니다. 그만두고 싶지만 마음대로 그만두기가 어렵고, 오히려 거기서 또 다시 자신을 탓할 만한 새로운 소재거리를 찾을지도 모릅니다.

이럴 때는 자기긍정감을 기르는 방법의 하나로 '이게 바로 지금의 나니까!'라는 말을 스스로에게 건네보기 바랍니다. 업무상 실수를 해서 자신을 탓하게 될 경우에 '이게 지금의 나인데 어쩔 수 없지!' 하는 식으로 그 순간의 자신을 있는 그대로 받아들이라는 것입니다.

진짜로 그런 기분이 들지 않더라도 괜찮습니다. 그저 감정의 개입 없이 말로만 그렇게 한다는 것이 처음에는 어색할지 모르지만 그래도 상관없습니다.

자책감을 느끼면서 자신을 탓하게 될 경우에 단지 '이것이 지금의 나니까!'라고 마음속으로 생각하는 것만으로도 위안이 될 수 있다는 얘기입니다.

타인에게 "괜찮아, 괜찮아"라고 친절하게 말해주는 것 역시 자신을 용서하기 위한 행동으로 간단하게 응용이 가능합니다. 타인에게 말을 건네듯이 자신에게도 말을 걸라는 뜻입니다. 당신이 친구나 후배들을 대하듯이 다정하게 자신을 대하라는 것입니다.

예를 들어 당신이 어떤 실수를 하고 말았을 때나 자책감으로 인해 자신을 탓하게 될 경우에 '잠깐 기다려 봐!'라고 하면서 생각을 잠시 멈춘 뒤 '만약 친구나 후배가 이런 행동을 했다면 뭐라고 말해줄까?'라고 스스로에게 물어봅시다.

그래서 '괜찮다, 아무것도 아니야'라는 대답이 나올 것 같다면 그 말을 그대로 자신에게 해줍시다. 이런 방법은 즉시 효과를 볼 수 있는 것도 아니고 처음에는 너무 어색해서 아무렇지 않게 그 말을 받아들이지 못할 수도 있습니다.

하지만 그래도 상관없습니다. 자신을 탓하게 될 상황이 올 때마다 사용해보면 언제부턴가 마음이 조금씩 가벼워지는 것을 느끼게 될 것입니다.

이제부터는 자신에게 상처를 주는 말을 멈추십시오. 자신에게 친절하고, 크고 작은 실수에 관대한 사람이 되면, 그것이 바로 자기긍정감이고 당신이 진짜 행복한 사람입니다.

POINT

자신에게 '이것이 지금의 나니까!' 같은 말을 반복적으로 건네보자. 그리고 마치 친구들을 대하듯이 자신을 대해보자. 자책감 때문에 스스로를 질책하는 습관을 쉽게 바꿀 수 있다.

27

지금의 나를
있는 그대로 인정하라

나는 지금까지 나 자신을 어떻게 대해왔나?

당신은 지금까지 자기 자신을 어떤 식으로 대해왔습니까? 우리는 단순히 감정이라는 개념만으로는 삶을 제압할 수 없기 때문에 온갖 갈등을 껴안고 살아갑니다.

"오늘 열심히 일하지 않으면 안 되는데, 엄두가 안 난다."

"그에게 친절하게 대해야 하는데, 그만 화를 내고 말았다."

"이렇게 잘해주니 고맙다고 말해야 하는데, 무심하게 대하고 말았다."

그때마다 자책감이 조용히 숨어들어 '노력할 수 없어서 미안하다', '화내서 미안하다', '그렇게 말해주지 못해 미안하다'라는 식으로 자신을 탓하는 습관을 가지게 합니다.

자기긍정감이란 자신을 '이것이 지금의 나니까!'라고 받아들이라고 제안하는 것인데, 그렇게 자신을 액면 그대로 받아들이려면 감정이라는 수단을 잘 사용하는 수밖에 없습니다.

원래 우리의 감정은 상승과 하강을 반복합니다. 좋을 때가 있으면 좋지 않을 때도 있을 수 있습니다. 그런데 우리는 언제부턴가 감정은 컨트롤해야 한다라는 관념에 지배되어 생각대로 되지 않는 감정에 대해 강하게 부정적인 태도를 보이며 살아가게 되었습니다.

안타깝게도 감정의 파도는 자기의 의식 레벨로는 좀처럼 컨트롤할 수 있는 게 아닙니다. 바로 이럴 때 자기긍정감을 끌어올리면 감정의 파도를 마치 서핑하듯이 유연하게 올라탈 수 있게 됩니다. 나는 강연에서 이렇게 제안하곤 합니다.

"감정의 파도를 멋지게 서핑하는 자신을 떠올리세요!"

그러기 위해서는 유능한 서퍼가 파도를 타기 전 바다의 물결을 주의 깊게 관찰하듯이 지금 당신이 느끼는 감정을 객관적으로 관찰해야 합니다.

이때는 자신의 마음을 스포츠 경기를 실황 중계하는 아나운서처럼 살펴보기 바랍니다. 현재 상태를 마치 독서하듯이 차분하게 읽어보는 것도 좋습니다.

자신의 기분을 타인의 것처럼 객관적으로 바라보면 감정의 파도에 함부로 휩쓸리지 않을뿐더러, 자신을 부정하거나 스스로에게 나쁜 말을 마구 쏟아내는 행위를 멈출 수 있습니다.

물론 때에 따라서는 갑자기 큰 파도가 밀려들 수 있듯이 객관적으로 관찰하는 일이 어려울 때도 있습니다. 그렇기에 할 수 있을 때 자신의 마음을 자주 돌아봄으로써 자신과 잘 어울릴 수 있는 터전을 마련하는 것이 중요합니다.

자책감은 그 자리에서 즉시 스스로에 대한 부정적인 생각을 만들어내도록 부추기기 때문에, 자신의 감정을 차분히 관찰하는 법을 익히기만 해도 스스로에게 상처를 주는 행위를 피할 수 있게 됩니다.

POINT

우리는 이성으로는 제어되지 않는 감정이 있기에 그것에 휘둘리기 쉽다. 그런 감정을 객관적으로 바라보는 습관을 들임으로써 자기의 마음을 컨트롤할 수 있게 된다.

PLUS 14.

감정의 파도를 서핑하듯이
유연하게 타보자

문제가 생길 때마다 자신에게
'OK, 이것이 원래 나니까 괜찮아!'라고 말하자.

28

나 자신에게
무죄를 선고하라

잠재의식에 말을 건네자

자책감을 다독이면서 자신을 용서하는 간단한 방법으로 긍정적인 '자기암시'를 제안하고 싶습니다. 이것은 긍정적인 단어나 문장을 여러 차례 직접 소리를 내 말함으로써 잠재의식에 그 말이 가라앉도록 하는 방법입니다.

흙에 뿌린 씨앗에 물을 조금씩 주다보면 결국 싹이 트고 꽃이 피어나듯이, 자신을 향해 줄기차게 긍정적인 말을 하면 긍정의 기운이 잠재의식에 차곡차곡 스며들게 됩니다.

가령 긍정적 자기암시의 하나로 자신에게 '무죄 선언'을 하는 방법이 있습니다. 심리학자들은 자책감이 강한 사람일수록 이 방법을 시키면 처음엔 매우 완강하게 저항하지만, 시간이 흐를수록 대부분 눈물을 흘린다고 합니다.

몇 번이나 반복해서 말하다보면 어느 순간 이상하리만치 안정되고 마음이 편해진다고 합니다. 예를 들어 다음에 소개하는 '무죄 선언'의 문장들을 소리 내어 몇 번씩 말해보십시오. 놀라운 효과를 경험하게 될 것입니다.

"나는 나를 용서합니다."
"나는 무죄입니다."
"나의 죄는 모두 용서받았습니다."
"나는 이제 자책의 감옥을 나와 자유롭게 날아다닐 수 있는 존재입니다."
"나는 나를 사랑합니다."
"나는 이제 무죄입니다."

자책감이 있으면 자신을 용서할 수 없습니다. 계속해서 자기가 만든 죄를 등에 업고 가상의 감옥에서 형벌을 가할 뿐입니다. 스스로 자신의 자유를 앗아가는 셈입니다.

자기 자신을 감옥에서 벗어나게 하고 하늘 위를 자유롭게 날갯짓하며 날아다닐 수 있게 허락하는 것이 바로 긍정적 자기암시입니다.

자책감이 지나치게 강한 사람은 특히 "나는 무죄입니다"라는 말을 할 때 말문이 막히게 되는데, 당신도 그렇다면 그저 책을 읽듯이 담담하게 말하기 바랍니다.

감정을 일절 배제한 채 말하다보면 그것만으로도 충분히 잠재의식의 세계에 침투할 수 있습니다. 소리 없이 내리는 가랑비에 옷이 젖듯이 잠재의식을 조금씩 조금씩 긍정의 땅으로 만들 수 있습니다.

자꾸 반복하다보면 감정을 넣어 읽고 싶을 수도 있지만, 그렇게 하면 오히려 자책감이 발동되기 쉬워져 그 문장에 반발하려는 마음이 생길 수 있습니다. 그러면 결국 긍정적 자기암시를 하는 행위가 괴롭게 느껴질 것입니다.

자책감을 테마로 강연을 할 때 참가자들 중에 '무죄 선언'을 소리 내어 말할 수 없는 여자가 있었습니다. 그녀는 오랫동안 자책감으로 자신에게 상처를 주었기 때문에 자신에게 무죄를 선언하는 일에 맹렬한 저항감을 느꼈던 것입니다.

그러면서도 그녀는 나의 강연을 들으면서 자신의 지난 삶을 거울에 비춰보듯 바라보며 계속 눈물을 흘렸습니다. 그랬던

여인이 집에서 조금씩 긍정적 자기암시를 반복했던 모양입니다. 몇 주가 지난 뒤에 그녀가 나타나 눈을 반짝거리면서 이렇게 말했습니다.

"최근에 몸이 가벼워졌습니다. 어깨의 짐을 내려놓은 듯한 느낌이 들고 몸이 정말 가벼워졌습니다. 그리고 놀랍게도 어느 순간 스스로를 탓하는 버릇이 예전보다 훨씬 덜해졌습니다. 나 자신을 탓할 일이 생길 때마다 '나는 무죄입니다'라는 말이 떠오르게 되고, 거기서 나쁜 생각을 딱 멈추게 됩니다."

자기긍정의 습관이 이렇게 싹트기 시작한 그녀가 조만간 자책의 터널에서 빠져나오리라고 나는 믿고 있습니다. 당신도 그녀의 경험을 공유하기 위해 '무죄 선언'을 소리 높여 외치기 바랍니다.

"나는 나를 용서합니다. 나는 무죄입니다."

POINT

'나는 무죄다!'라는 간단한 선언을 지속하면 마음이 가벼워져서 자신을 탓하는 일이 점점 사라진다. 이것이야말로 자책이라는 기나긴 터널을 빠져나오는 지름길이다.

29

하루에 1통씩
감사편지를 써라

어느 부부에게 균열이 생긴 이유

자책감으로 인해 자기 자신을 심하게 탓할 때는 누군가에게 미안한 감정이 들어도 고맙다는 뜻을 전하려는 생각이 잘 떠오르지 않게 됩니다.

여기서 한 남자의 사례를 소개하려고 합니다. 금융회사에 다니는 그는 매우 열심히 일하는 타입으로 직장에서의 평가도 좋은 전도유망한 샐러리맨이었습니다. 근면 성실하고, 창의적이며, 대인관계도 좋았기에, 어느 기업에서나 탐을 낼 만한 인재임에는 분명했습니다.

하지만 그렇게 외부적으로 높은 평가를 받는 그에게는 조금 이해하기 힘든 단점이 있었습니다. 업무상 스트레스를 가족에게 풀려는 습관이 있어서 퇴근 후에는 어김없이 술에 취한 채로 귀가해 아내에게 괴로움을 쏟아내는 행위를 반복했던 것입니다.

그렇게 몇 년이 흘렀고, 지난 세월을 묵묵히 참고 견디며 남편이 변하기를 기다려온 아내는 마침내 이혼을 선언했다고 합니다. 아내가 말하는 이혼 사유는 구구절절 옳은 말이어서 그는 할 말을 잃고 말았습니다. 그는 이 상황을 어찌하면 좋을지 알 수 없다며 나에게 상담을 받으러 왔던 것입니다.

어려서부터 우등생 자리를 놓치지 않았던 그는 명문대학을 나와 대기업 금융회사에 취직했고, 윗사람들의 주목을 받으며 승승장구했습니다. 그러나 내 생각에 이런 근무 태도는 무조건 칭찬만 받을 일은 아닌 것 같았습니다. 이는 바꿔 말하면, 계속 자기 자신을 억제하며 '착한 아이'로 살아왔다는 이야기였기 때문입니다.

그는 한 마디로 말해서 자신보다 누군가의 기대에 부응하는 인생을 살아왔던 것입니다. 처음 만났을 때도 그는 성실함 그 자체에 부드러운 태도와 예의 바른 언행에, 머리 회전도 남다른 엘리트로 보였습니다. 사전에 그에 대해 몰랐다면 그렇게까지 술에 빠져 지냈다고는 믿을 수 없을 정도였습니다.

처음에 그는 아내에게 겉으로 보이는 모습처럼 좋은 남편을 '연기'했던 모양입니다. 착실한 가장, 훌륭한 아빠의 모습에서 이탈하지 않으려고 무던히도 노력했다는 게 그의 고백이었습니다. 하지만 회사에서 성과를 올리고 위치가 점점 올라갈수록 책임이 커지다 보니 산더미 같은 스트레스가 쌓여서 점점 술에 의지하게 되었던 모양입니다.

업무적인 측면에서 술을 마실 기회가 많았던 것도 원인의 하나였지만, 시간이 흐르면서는 무슨 구실을 대서든 술을 마시지 않으면 안 될 정도로 알코올에 의존하는 신세가 되고 말았습니다.

그러다 언제부턴가 아내에게 이런저런 불만을 털어놓게 되었고, 결국엔 술에 취한 채로 난폭한 언어와 행동까지 쏟아붓게 되었던 것입니다. 그렇게 3년 정도가 지나고, 남자의 상태가 나아질 기미가 좀처럼 보이지 않자 아내로부터의 돌아온 말이 바로 이혼이었습니다.

사실 그는 자신이 하고 있는 행동에 대해 잘 알고 있었습니다. 그래서 아내나 자녀들에게 큰 자책감을 느낀다는 사실도 충분히 자각하고 있었습니다. 그가 눈물을 흘리며 말했습니다.

"내가 이혼당할 짓을 저질러왔다는 걸 잘 알고 있습니다. 가족들에게 어떻게 보상해야 할지……."

그는 이미 금주를 결심하고 아내에게 사과하며 용서를 구했지만, 자신이 해온 짓을 돌아볼수록 자책감을 더해갈 뿐이었습니다. 그가 다시 입을 열었습니다.

"저는 앞으로 어떻게 하면 좋을까요?"

나는 그의 얼굴을 빤히 바라보며 이렇게 말해주었습니다.

"이제 당신 자신을 용서하세요. 이제 자책감을 놓아버리고 다시 한 번 아내와의 관계를 쌓아나가면 됩니다. 이제부터라도 좋은 남편, 훌륭한 아빠의 모습을 보여주면 됩니다."

사실 그는 아내의 말에 따라 이혼을 결심한 상태로 나를 찾아왔었습니다. 지금도 가족을 무척 사랑하지만, 자신이 해온 짓에 대해 심하게 자책감을 느끼다 보니 가족을 지키고자 부득이 이혼도 받아들여야 한다고 생각했던 것입니다. 나는 그에게 한 가지 숙제를 내주었습니다.

"매일 1통씩 누군가에게 감사의 편지를 써보십시오."

마치 종교행사를 치르듯이 매일 감사편지를 써라

자책감은 자기 자신에게 벌을 주려는 감정이므로 아내나 자녀들에게 미안하다는 말을 할 수는 있어도, 감사하다는 마음을 표현하기는 어렵게 만듭니다. 스스로 감사할 만한 자격조차 없다고 느껴지게 만들기 때문입니다.

그렇기 때문에 더욱 감사편지를 써야 합니다. 아내나 아이들에게는 물론이고 부모님, 학창시절의 은사님, 회사에 몸담으면서 신세를 진 사람들 등 누구라도 좋으니 그날그날 생각나는 사람들에게 감사편지를 쓰는 것입니다. 그가 말했습니다.

"그건 무슨 종교행사 같은 느낌이 드는군요……."

그렇습니다. 감사편지를 쓰는 일은 사실 그런 이미지에 가깝습니다. 그는 그날부터 매일 1통의 감사편지를 쓰는 숙제를 마치 종교행사를 치르듯이 3개월 동안 지속했습니다.

어느 날 그가 지난번과는 사뭇 다른 표정으로 나를 찾아왔습니다. 그는 감사편지 덕분에 아내와의 관계는 물론이고 아이들, 직장, 거래처, 그리고 친구들과의 관계가 놀라울 정도로 원만해져서 살맛이 난다고 눈을 반짝거리며 말했습니다.

그는 처음 며칠 동안 아내에게 계속 감사편지를 썼다고 합니다. 처음 만났을 때부터 오늘까지의 일들을 돌아보면서 여러 가지 일들을 떠올리자니 감사의 마음이 가득해져서 눈물이 뺨을 타고 흘렀다고 합니다. 그러고 보니 아내와의 삶은 온통 감사할 일투성이여서 아내라는 존재 자체가 행복임을 알게 되었다고 합니다.

하지만 처음엔 자책감 또한 강하게 쏟아져 나와 한동안 자신을 질책하는 마음에 사로잡히기도 했답니다. 이것은 아이들에게 편지를 쓸 때도 마찬가지였습니다. 그래도 그는 나의 조언을 믿고 자신의 삶을 에워싼 사람들에게 정성껏 편지를 썼고, 언젠가부터 조금씩 마음에 변화가 일어났다고 합니다.

우선 몸과 마음이 한결 가벼워졌다고 합니다. 그리고 스스로도 깨달을 정도로 웃음이 많아졌다고 합니다. 2주 정도 지났을 때쯤에는 후배들이 무슨 좋은 일이 있냐고 물어오기도 했고, 오랜 시간 거래해왔던 회사 사장님은 요즘 컨디션이 유달리 좋아 보인다고 말했다고 합니다.

자책감을 놓아버리고 싶다면 반드시 해야 할 일

또 한 가지 분명한 변화가 있었습니다. 업무 관계로 만나 이야기하는 거래처 사람들과의 대화가 이전보다 확실히 편해졌다고 합니다. 지금까지는 다른 사람들에 대해 일일이 신경을 쓰겠다는 의식이 없었는데, 스스로 먼저 마음을 열고 이야기를 하니 상대의 반응이 달라지는 걸 분명히 인지할 수 있었다고 합니다.

일반적으로 업무적인 커뮤니케이션에는 다양한 계산이 깔리는 경우가 많습니다. 자신에게 불이익이 될 만한 발언을 자제하거나 자기의 의견을 관철시키기 위해서 이런저런 테크닉을 사용하고, 또는 상대방에게 좋은 인상을 남기려고 억지로 친절을 베푸는 등 가식적인 일들이 비일비재합니다.

그러나 지금의 그는 이제 그런 일들을 의식적으로 하지 않아도 자연스럽게 웃는 얼굴이 되었고, 뭔가 꿍꿍이속으로 무장한 채 이해득실을 따지며 커뮤니케이션을 하지 않아도 되었습니다.

그가 다음에 나의 사무실을 찾았을 때, 그는 지금까지 쓴 적이 없던 상대가 문득 생각이 나서 감사편지를 썼다고 합니다. 다름 아닌 자기 자신에게 보내는 감사편지였습니다.

자책감의 수렁에서 벗어나 진실로 자기 자신을 용서할 수 있으면 '내가 나이기 때문에 정말 다행이다!'라는 생각을 실감할 수 있게 됩니다. 그는 내가 굳이 언질을 하지 않았어도 스스로 그것을 깨닫고 자신에 대한 감사편지를 썼던 것입니다.

이렇게 그는 자책감으로부터 해방되었고 가족과의 관계만이 아니라 업무적으로 얽힌 인간관계도 호전시킬 수 있었습니다. 이를 다른 측면으로 보자면, 인간관계에서 오는 불안감이 그의 가슴속에 자책감이라는 큰 수렁을 만들어놓았던 것입니다.

감사는 자책감을 위로하기 위한 가장 효과적인 방법입니다. 감사의 에너지가 자책감을 정화시키고, 그 안에 있는 사랑과 당신을 직접적으로 이어지게 만들기 때문입니다.

이제 당신 차례입니다. 자책감을 놓아버리고 싶다면 소중한 사람을 떠올려 감사의 마음을 전해보십시오. 그러면 위에 등장하는 남자가 느꼈던 행복을 당신도 분명히 맛보게 될 것입니다.

POINT

가족이나 친지, 동료, 직업상 만나는 사람들에게 감사편지를 씀으로써 자책감으로부터 해방될 수 있고 인간관계와 인생을 긍정적으로 볼 수 있다.

30

나는 사랑이 없었다면
살아남을 수 없었다

나에게 쏟아지는 사랑을 떠올려보라

앞서 사랑과 자책감의 양은 비례한다고 했습니다. 자책감에서 벗어나 자신을 용서하기 위한 가장 효과적인 방법인 감사의 마음이 그렇듯이, 사랑의 마음도 자책감으로부터 벗어나는 데 큰 영향을 줍니다. 그래서 이번에는 사랑으로 자책감을 위로하는 방법을 소개하려고 합니다.

감사편지를 쓰기 전에, 그것을 위한 준비 작업이 되기도 하는데 특히 이 장을 시작으로 던지게 될 세 가지 질문에 시간을 들여 대답해보기 바랍니다. 마음속에 사랑이 가득해짐을 느끼게 되고, 결국 자책감도 차츰 사라지게 될 것입니다.

우리는 사랑이 없으면 살아남을 수 없습니다. 우리가 지금 살아 있다는 것은 누군가에게 사랑받아왔다는 증거입니다. 내가 지금까지 만난 사람 중에는 정말 믿을 수 없을 정도로 힘든 인생을 살아온 사람들이 있었습니다. 그러나 그런 인생에서조차도 빛을 밝혀준 존재는 반드시 있었습니다.

한 남자의 부모는 얼굴을 마주치기만 하면 싸움을 반복했습니다. 아버지는 술을 마시고 폭언을 일삼았고 집에 생활비를 가져다주지도 않았다고 합니다. 한편 엄마는 감정적으로 불안정한 사람으로 언제나 불만만 쏟아냈으며 심지어 집안 살림은 거들떠보지도 않았다고 합니다.

외아들이었던 그에게 손길을 내밀어준 사람은 초등학교 선생님이었습니다. 그를 따뜻하게 보듬으며 격려하고 이따금 집에 초대해 함께 식사를 하고 휴일도 같이 보내주곤 했다고 합니다.

그 선생님이 기회가 있을 때마다 열심히 공부하라며, 그러면 길은 반드시 열린다고 말해주었기에 그는 그 희망 하나에 매달려 필사적으로 공부했고 의과대학에 진학했습니다. 그는 유소년 시절의 괴로웠던 경험을 기억하며 소아과의사가 된 이후에도 어려운 환경의 아이들을 돕고 있습니다.

한 여성은 어린 시절 부모가 이혼해서 외갓집에서 자라게 되었다고 합니다. 어려서는 언제나 외할머니와 엄마로부터 아버지에 대한 험담을 들었습니다. 게다가 외할머니와 엄마도 사이가 좋지 않아 매일 싸움을 했다고 합니다.

그러고 나면 엄마는 버릇처럼 그녀에게 심한 말들을 뱉어냈고, 그녀는 늘 캄캄한 그늘 속에서 울며 지냈습니다. 그때 그녀에게 사랑을 베풀어준 사람은 도쿄에 살고 있는 이모였다고 합니다.

이모는 누구보다 그녀의 불운한 처지를 이해하며 자주 전화를 걸어 안부를 묻고, 친정에 올 때마다 그녀에게 용기를 주며 언제 어디서든 희망의 끈을 놓지 말라고 가르쳤다고 합니다.

그렇게 사랑의 마음을 전해준 이모라는 존재가 있었기에, 그녀는 기어코 살아내야 한다는 힘을 얻었다고 합니다. 그녀는 도쿄로 나와 열심히 일하며 살다가 좋은 남편을 만나 지금은 행복한 가족을 이루고 살고 있습니다.

내 생각에 심리상담자가 하는 일은 사람들의 인생 안에서 사랑을 발견하게 도와주는 것입니다. 나는 참으로 힘든 삶을 살아왔던 사람들과 많은 인연을 맺어왔는데, 그 모든 이야기 속에는 반드시 사랑이 있었습니다.

당신을 사랑해준 사람은 누구입니까? 당신은 누구의 사랑으로 오늘까지 살아올 수 있었습니까? 그런 사람을 다시 한 번 떠올려보기 바랍니다. 그리고 그들이 당신에게 보내준 사랑에 대해 다시 한 번 감사의 마음을 전하십시오.

POINT

사랑으로 자책감을 위로할 수 있다. 자신을 사랑해준 사람들을 떠올리는 것만으로도 우리의 마음에는 사랑이 넘치게 된다.

31

나의 행복을 진심으로 기뻐해주는 사람은 누구인가?

○
│
│
│
│
│
○

기분이 좋아지는 사랑으로 가슴을 채우자

사랑으로 이어지는 두 번째 질문입니다. 나의 행복을 진심으로 기뻐해주는 사람은 누구일까요? 앞에서 다룬 '마음을 다해 당신을 사랑해주는 사람은 누구입니까?'와 비슷한 질문이기 때문에 똑같은 사람이 떠오를 수도 있습니다.

그러나 앞의 내용보다 조금 폭넓고 가볍게 생각해도 되는 질문입니다. 예를 들어 회사 동료를 떠올리면서 '나를 사랑해 줄까?' 하고 물으면 조금 어색한 질문이 되겠지만 '나의 행복

을 진심으로 기뻐해줄까?'라고 묻는다면 답할 수 있는 문제
가 됩니다.

당신과 지내온 사람들이라면 대부분 당신의 행복을 진심으
로 바랄 것입니다. 그렇기에 그들 한 사람 한 사람의 얼굴을
떠올리는 것만으로도 당신의 가슴은 기분 좋은 사랑으로 채워
질 것입니다.

내 이야기를 해보겠습니다. 부모님은 중학교 때 이혼을 했
고, 아버지와는 그 뒤로 몇 번밖에 만나지 못했습니다. 당시
사춘기를 지나고 있던 나는 부모님의 이혼 이야기를 듣고 한
순간 가슴이 뻥 뚫린 것 말고는 다른 생각이 떠오르지 않았습
니다.

그 후 고향을 떠나 오사카로 이사를 했고, 아버지가 재혼을
하는 바람에 관계가 소원해지고 말았습니다. 아버지는 어릴
적에 친모가 돌아가셔서 새어머니 밑에서 괴롭힘을 당하며 자
란 탓인지 커뮤니케이션이 서툴렀기 때문에 나에게 애정 어린
말을 건넨 적이 거의 없었습니다.

그렇기에 어렸을 때는 아버지에게 사랑을 받지 못한 마음
이 내 삶에 그림자처럼 짙게 드리워져 있었습니다. 그러다 심
리학을 공부하게 된 다음부터 아버지도 나에게 나름 서툴기는

했지만 확실하게 사랑을 품고 있었다는 사실을 이해할 수 있게 되었습니다. 이따금 유소년기의 기억이 떠오르면, 아버지가 자주 놀아주었던 기억들이 새록새록 떠오르기도 했습니다.

20대 후반의 어느 날, 어머니로부터 아버지의 부고를 듣게 되었습니다. 결국 아버지와 나는 살아 있는 동안에는 재회할 수 없는 상황이 되어버린 것입니다. 나는 어머니로부터 아버지가 병상에 있으면서 주위사람들에게 끝없이 내 이야기를 했다는 말을 들었습니다.

"내 아들은 명문대학을 나와 좋은 회사에 다니고 있는 훌륭한 아이야."

"내 아들은 내가 베풀어준 게 하나도 없는데 나에게 늘 고맙다고 말해주는 아이야."

죽음의 문턱을 넘나드는 병상에서까지 어릴 때 헤어진 자식을 기억하며 그런 식으로 말씀하셨다는 걸 알았을 때, 내 가슴은 말할 수 없이 뜨거워졌습니다. 비록 어릴 때 헤어졌지만 아들에 대한 소식을 어떻게든 찾아보고, 행복을 빌어주고, 끝없이 사랑을 전해왔음을 알고 너무도 가슴이 벅찼습니다.

예전에는 관계가 소원해져 얼마나 사랑을 받고 있는지 자신이 없었지만, 그 후 나에게 마음을 다해 응원해주는 아버지라는 존재가 있었다는 사실에 가슴이 뜨거워졌습니다.

당신도 주위를 찬찬히 돌아보기 바랍니다. 당신이 행복해진다면 기뻐해줄 사람은 누구입니까? 그런 눈으로 주변을 돌아보면 당신은 스스로 생각하는 것 이상으로 누군가에게 사랑받고 있다는 사실을 깨닫게 될 것입니다. 이제 마음을 활짝 열고 그 사랑을 받아들이는 걸 스스로 용납하기 바랍니다.

POINT

> 우리들은 누군가의 사랑이 없으면 살아남을 수 없었다. 지금 내가 행복해진다면 진심으로 기뻐해줄 사람이 누구인지 상상해보자. 자신이 생각하는 것 이상으로 누군가의 사랑을 받고 있다는 걸 분명히 알게 될 것이다.

제5장 | 내 인생의 주인공은 도대체 누구일까?

나는 누구를 위해
살고 있는 걸까?

나는 사랑받을 가치가 충분해.

32

나는 누구를 위해
그렇게 노력해왔나?

자책감에도 불구하고, 그것은 분명 사랑이다

사랑으로 이어지는 세 번째 질문입니다. 나는 누구를 위해 그렇게 노력해왔을까요? 자식들 대부분은 부모를 정말 좋아하고, 그들을 기쁘게 만들고 싶다는 생각에 열심히 노력합니다.

그뿐만 아니라 학교 선생님이나 동급생, 동료들을 위해 더러는 회사의 명예를 위해 노력해온 사람들도 있을 것입니다. 실연의 아픔으로 괴로워하는 친구의 이야기를 열심히 들어주면서 위로해주는 일도 있었을 것입니다.

그러고 보면 당신은 좋아하는 사람을 위해 정말로 많은 노력을 해왔습니다. 관계에 문제가 생겼을 때에도 어떻게든 상대의 마음을 잡으려고 애썼을 것입니다.

누군가를 위해 노력한다는 것은 때로는 너무 희생적이어서일 수도 있고 자책감에서 오는 보상행동인 경우도 있지만, 그 안에도 확실히 사랑이 존재하고 있습니다. 그 사람을 기쁘게 만들고 싶고, 웃는 얼굴을 보고 싶고, 그 사람을 조금이라도 즐겁게 해주고 싶어서 노력했던 것, 그것은 분명 사랑입니다.

그렇기 때문에 '당신은 누구를 위해 노력해왔나?'라는 질문은 결국 '당신은 누구를 사랑해왔는가?'라는 질문과 같은 맥락입니다. 하지만 뒤의 질문보다 앞의 질문에 대답하기가 쉽다는 생각이 들지 않습니까?

그렇기 때문에 나는 강연을 할 때마다 '여러분은 누구를 위해 노력해왔나요?'라는 질문을 통해 실제로 어떤 사랑을 해왔는지를 표현하도록 제안하고 있습니다.

답은 제각각입니다. 누구는 부모님을, 누구는 연인을, 누구는 친구를 떠올릴 수 있을 것입니다. 당신도 지금 당장 누구를 위해 노력해왔는지를 떠올려보기 바랍니다. 그렇게 자신의 인생을 돌아보면 실로 많은 사람들을 사랑해온 것을 알 수 있을 것입니다.

그러나 당신의 사랑은 가끔 자책감으로 귀결되기도 합니다.

"부모님을 기쁘게 해드리고 싶어서 열심히 공부했지만, 기대하는 대학에 떨어져서 실망을 안겨드렸다."

"회사를 위해 성과를 올리려고 노력했지만 이번 프로젝트에서 기대 이하의 결과를 내고 말았다."

"남자친구를 위해 요리를 했는데 실패하고 말았다."

이렇게 무언가를 위해 열심히 노력했지만 잘해내지 못한 경험을 떠올리게 될지 모릅니다.

돌이켜보면, 우리는 참으로 많은 일들을 실패하면서 오늘에 이르렀습니다. 그때마다 원하는 결과를 얻어내지 못했다는 사실에 얼굴을 들지 못할 만큼 미안함을 느끼곤 했습니다.

하지만 그것만이 전부가 아닙니다. 조금 더 곰곰이 생각해보면 자책감은 당신이 지금껏 가지고 있던 사랑의 양을 오롯이 비추고 있었습니다.

누군가를 향한 자책감은 그만큼 누군가를 사랑했기 때문에 생긴 것이니, 자책감이 가리키는 사람을 사랑하고 있다는 긍정적인 마음으로 볼 수만 있다면 당신은 마음의 짐을 덜어낼 수 있을 것입니다. 당신은 자신의 사랑을 자랑스럽게 여길 수 있을 것입니다.

'당신은 누구를 위해 그렇게 열심히 노력해왔는가?'

이 질문은 결국 당신이 베풀어온 사랑 그 자체입니다. 그러니 이제부터 더 이상 자책감에 끌려다니는 일 없이 사랑을 계속 선택하기 바랍니다. 그런 감정을 느낄 수 있다면 자책감이 사라질 뿐더러 스스로에게 자신감을 가질 수 있을 것입니다.

POINT

'당신은 누구를 위해 그렇게 열심히 노력해왔나?' 이 질문은 자신이 누구를 사랑해왔는지를 명확하게 가르쳐준다. 만약 어떤 사람에게 자책감을 느낀다면, 그만큼 그 사람을 사랑하고 배려했던 건 아닌지 생각해보자.

제6장 ㅣ 나는 누구를 위해 살고 있는 걸까?

33

마음 놓고 웃을 수 있는
일을 하라

○
│
│
│
│
│
│
│
○

웃는 얼굴이 자책감의 늪으로부터 당신을 구한다

지금까지 사랑과 이어질 수 있는 질문 3가지를 알아보았습니다. 이번에는 "자신을 더 많이, 줄기차게 사랑하라"라는 말을 전하고 싶습니다.

내가 강연에서 이 말을 하면 대부분 잘 이해가 가지 않는다는 표정을 짓습니다. 그것도 무리가 아닌 것이, 타인을 사랑하라는 말은 끊임없이 들었어도 자신을 사랑하라는 말은 학교에서도 가정에서도 좀처럼 가르쳐주지 않았기 때문입니다. 그래서 나는 자신을 위해 무조건 마음 놓고 웃을 수 있는 일을 하라고 말합니다.

특히 자책감에 지배당할 때는, 그 불순한 감정이 웃는 얼굴을 짓지 못하도록 방해합니다. 또 웃을 자격이 없다는 마음이 들게 합니다. 스스로 잘못을 했기 때문에 웃어서는 안 된다는 생각에 이끌리기 때문입니다.

따라서 의식적으로 웃을 수 있는 일을 함으로써 당신을 자책감으로부터 구출할 수가 있습니다. 처음에는 심한 갈등을 겪게 될 수도 있고, 전혀 엄두가 나지 않을 수도 있습니다.

그렇다 하더라도 반드시 웃을 만한 일을 계속 찾아보길 바랍니다. '예전에 내가 무엇을 좋아했더라?', '무엇을 보고 웃었더라?', '어떻게 하면 웃을 수 있더라?' 같은 질문을 자신에게 계속 던져보기 바랍니다.

이때 자책감이 너무 강하면 실제로 웃을 만한 일을 찾아보더라도 하지 않아도 될 짓을 하고 말았다는 식으로 머리를 심하게 흔들며 다시 자책감에 휩싸이는 경우도 있을 수 있습니다.

그러나 분명한 사실은 자책감은 사랑을 이길 수 없다는 것입니다. 자책감을 느낀다 하더라도 스스로 웃을 수 있는 일을 계속 발견해나가면 어느 순간 자책감의 두께가 얇아지는 것을 느끼게 될 것입니다.

웃을 수 있는 일들을 리스트로 만들자

'마음 놓고 웃을 수 있는 일'에 해당되는 일은 다음과 같이 아주 작은 행위라도 상관이 없습니다.

- 초콜릿을 먹는다.

- 만화책을 읽는다.

- 마음껏 스마트폰으로 게임을 하며 시간을 보낸다.

- 친구들과 술을 마신다.

- 여유롭게 차를 마신다.

- 따뜻한 물에 몸을 푹 담근다.

- 좋아하는 영화를 본다.

- 옷을 사러 간다.

- 맛있는 레스토랑에서 식사를 한다.

- 퇴근 후 친구들과 만나 수다를 떤다.

- 여행 계획을 세운다.

- 머리를 자르러 간다.

그렇습니다. 이 정도의 일로도 충분합니다. 앞서 웃음은 자신을 사랑하는 일이라고 했는데, 사실 그것만이 아닙니다. 당신이 웃는 얼굴이 되면 자연스럽게 주위사람들도 웃는 얼굴을 갖게 됩니다.

당신의 행복을 빌어주는 사람들은 당신이 자책감으로 힘들어하는 모습을 보면 마음 아파합니다. 반대로 당신이 스스로를 벌하는 걸 그만두고 웃는 얼굴을 되찾으면, 그들은 마음속으로 안심하고 즐거워할 것입니다. 그때 당신은 비로소 자신의 상태를 스스로 조절할 수 있게 되었을 것입니다.

POINT

> 스스로 웃을 수 있는 일을 찾는 일은 분명 도움이 된다. 이는 곧 자신을 사랑하는 연습과 이어지기 때문이다. 그렇게 해서 스스로 웃는 얼굴이 되면 주위사람들의 얼굴에도 웃음이 떠오르게 된다.

제6장 | 나는 누구를 위해 살고 있는 걸까?

34

내가 사랑받고 있다는
증거를 모아라

증거 리스트를 만들자

당신은 혹시 '나는 사랑받을 가치가 없는 존재'라는 생각에 사로잡혀 스스로를 비난하고 물어뜯고 있지는 않습니까? 그럴 때 나는 당신에게 이 말을 하고 싶습니다.

"당신이 사랑받고 있다는 증거들을 모으십시오!"

예를 들면, 이러한 것들입니다.

· 아버지가 나를 위해 열심히 일하셨기에 대학까지 갈 수 있었다.

· 엄마는 나의 건강을 생각해 여러 모로 알뜰히 챙겨주었다.

· 친구가 '너라면 무엇이든 할 수 있다'라고 자주 응원해준다.

· 친구가 무슨 일이 생기면 누구보다 내게 먼저 상담을 한다.

· 회사에서 어려운 일을 담당하게 되었을 때 상사나 동료들이
  도와준다.

· 아내가 나의 이야기를 잘 들어준다.

· 아이들이 나를 잘 따른다.

리스트를 작성할 때는 하루 만에 끝내지 말고 며칠이 걸리더라도 차분히 작성하기 바랍니다. 여러 상황에서 지난날을 떠올리다보면 '아, 여기에도 사랑이 있었네', '이 사람에게도 사랑을 받았었구나' 하며 아주 많은 증거들을 모을 수 있을 것입니다. 그렇게 해서 찾아낸 증거들은 당신의 잠재의식에 '나는 사랑받을 가치가 충분하다'라는 의식을 뿌리내리게 합니다. 그 결과 당신에게는 이제부터 '사랑받을 자신감'이 생겨날 것입니다.

POINT

사랑받고 있다는 증거들을 리스트로 만들어라. 그러다 보면 자신이 사랑받을 가치가 있다는 긍정적인 감정이 잠재의식 속에 축적되고 마침내 자책감으로부터 해방되는 길이 보일 것이다.

제6장 | 나는 누구를 위해 살고 있는 걸까?

35

나답게 살아가는 나를
상담사로 지명하라

○

○

활기차던 본래의 나에게 조언을 구하라

이번에는 자기다운 삶에 대한 이미지를 떠올리는 방법을 통해
자책감을 벗어던지는 길을 생각해보겠습니다. 당신의 상상력
을 최대한 활용하는 방법으로 머릿속으로 '진짜 나다운 삶'을
이미지화해서 그것이 현실인 것처럼 생각하면 됩니다.

딱히 어떤 형상이 구체적으로 떠오르지 않아도 좋습니다.
진정으로 하고 싶은 일을 하면서 최고의 파트너와 가족, 그리
고 친구들에게 둘러싸여 풍요로운 생활을 누리고 있는 자신을

상상해봅시다. 거기서 당신은 매일 아침 기분 좋게 눈을 뜨고 누구보다 활기차게 하고 싶은 일을 하며 살아가는데, 이것이 야말로 당신의 본래 모습입니다.

그런 자신을 당신의 심리상담사로 지명하십시오. 가령 당신이 직장에서 신상품 개발에 대한 발표를 맡게 되었다고 칩시다.

그런데 당신은 사람들 앞에서 긴장한 탓에 제대로 말하지도 못할 뿐더러 상품에 대해서도 100퍼센트 이해하지 못한 상황입니다. 그럴 때 다른 누구도 아닌 당신 자신에게 조언을 구해보십시오. 그러면 그 상담사는 이렇게 대답할 것입니다.

"괜찮아! 발표는 혼자 하는 게 아니잖아! 동료들이 도와줄 거야. 그들을 믿자. 게다가 발표까지 충분히 연습했잖아."

그것은 자신이 내는 소리이기 때문에 충분히 설득력이 있습니다. 그 소리를 들으면 이상할 정도로 마음에 안정이 찾아오고 용기를 내어 발표에 임할 수 있게 됩니다.

심리학자들은 자기 자신과의 대화가 자책감을 비롯한 부정적인 감정을 추방하는 데 결정적인 역할을 한다고 말합니다. 인간에게 부정적인 감정들은 태어날 때부터 존재했던 것이 아니기에 본래의 자신을 만나 대화를 나누다보면 얼마든지 마음

밖으로 쫓아낼 수 있습니다.

대부분의 종교에서 명상을 권장하는 이유도 바로 이 때문입니다. 눈을 감고 자신에게 다가가는 습관을 들이다보면, 그렇게 자신과 대화를 나누는 시간이 쌓이다보면 자책감은 차츰 '여기는 내가 있을 곳이 아니군!' 하며 떠나버릴 것입니다.

마음이 편안해지는 이미지 상상하기

자책감에 너무 강하게 붙잡혀 있으면 스스로 자기 안에 자책감이 숨어 있음을 실감하지 못하는 경우가 많습니다. 그러면서도 한편으로는 '나는 독버섯 같은 존재다', '나는 추악한 존재다' 같은 관념을 갖게 되어 사랑하는 사람들에게서 거리를 두거나 무의식적으로 스스로를 괴롭힐 행동을 하게 됩니다.

이런 사람들을 위해 다음과 같은 감각적인 방법을 권합니다. '이미지 워크'라고 불리는 이 방법은 내가 주로 강연에서 사용하는 것인데, 본래는 눈을 감은 채로 해야 좋지만 종이에 적어놓고 천천히 읽어가는 것만으로도 그 효과를 느낄 수 있을 것입니다.

잠시 상상해보기 바랍니다.

지금 당신의 머리 위에서 부드럽고 따뜻하며 새하얀 빛이 불꽃처럼 쏟아져 내려옵니다.

당신은 샤워를 하듯이 그 빛을 전신으로 받아들입니다.

그 빛은 조용히 당신의 몸을 감싸 안습니다.

그 온기나 부드러운 빛의 감촉을 가만히 느껴봅니다.

잠시 후 그 빛이 당신의 피부를 통해 몸속으로 스며듭니다.

부드럽고 따뜻한 빛이 점점 당신의 몸속에 가득 채워져가는 모습을 상상해보기 바랍니다.

이윽고 그 빛은 당신의 몸속에 있던 부정적인 것들을 싹 빨아들이며 뱉어내는 숨과 함께 밖으로 쏟아져 나갑니다.

아직 남아 있는 빛은 당신의 마음속에 있던 부정한 것들을 데리고 당신의 다리 밑으로 쏟아져 나갑니다.

호흡할 때마다 부드럽고 따뜻한 빛이 몸속에 흡수되고, 뱉어내는 숨을 통해 나쁜 것들이 모조리 빠져나가는 모습을 상상해보기 바랍니다.

당신은 단지 호흡을 반복하는 것만으로 마음과 몸속에 있는 부정한 기운들이 조금씩 옅어져가는 것을 느끼게 됩니다.

(여기서 잠시 읽는 것을 멈추고, 10번 정도 호흡을 반복하면서 지금까지 말한 상황들을 이미지로 떠올려보십시오.)

당신의 몸은 점점 정화되고 차츰 그 빛으로 채워집니다.

따뜻한 빛이 당신의 몸을 부드럽게 안다가 서서히 놓기 시작합니다. 이로써 모든 자책감이 정화되고 당신은 태어난 지 얼마 안 된 아기처럼 아름답고 부드러운 빛으로부터 벗어납니다.

이러한 이미지 워크는 언제 어디서도 활용이 가능합니다. 어느 상담자는 나에게 이 방법을 전수받은 후에 기분이 매우 좋았다면서 매일 잠을 자기 전에 침대 속에서 연습을 했다고 합니다. 그러자 수면의 질이 개선되어 편안한 마음으로 아침을 맞게 될 뿐 아니라 스스로도 확실히 알 수 있을 정도로 피부까지 좋아졌다고 합니다. 그녀는 이렇게 말했습니다.

"정신의 평안은 둘째치고 미용을 위해서라도 이미지 워크를 추천합니다!"

POINT

> 나다운 삶을 원하는 '본래의 나'를 나의 심리상담사로 지정하자. 그러면 '어떻게 하면 좋을까?'라는 질문에 오로지 나를 위한, 마음의 안정으로 이어지는 조언을 얻게 될 것이다.

36

나의 사랑에
자신감을 가져라

그동안 자책감 때문에 사랑이 보이지 않았다

자책감이 일으키는 가장 무서운 일은 당신에게서 사랑을 빼앗아가는 것입니다. 자신의 사랑을 믿지 않도록, 아니 오히려 스스로를 누군가에게 상처를 주는 날카로운 칼인 양 생각하게 만들어 당신이 누군가를 사랑하는 데 자신감을 잃게 만듭니다.

그렇기에 자책감에 사로잡혀 있을 때는 누구도 사랑할 수 없고 다른 사람의 사랑도 받아들일 수 없게 됩니다. 하지만 그렇다고 당신 안의 사랑이 없어지는 건 아닙니다. 단지 자책감에 의해 덮어져 보이지 않을 뿐입니다.

이제부터 자책감에 빠져서 스스로 자기 삶을 망가뜨렸던 사람들의 이야기를 소개하고자 합니다. '내 안에도 그런 사랑이 있을까?'라는 마음으로 읽어보면 좋겠습니다.

일중독에 빠졌던 남자 이야기

A는 일이 너무 바빠서 잔업은 물론이고 토요일과 일요일에도 출근하는 등 일이 잦은 생활을 이어가고 있었습니다. 이른바 일중독이라는 수렁에 빠졌던 것입니다.

아내는 혼자 집에서 육아를 비롯한 모든 일을 떠맡아야 했습니다. 언젠가부터 너무나 삶이 버거워진 아내는 남편을 향해 원망하는 말을 쏟아내기 시작했습니다. 그러다 보니 A는 아내를 힘들게 해서 미안하다는 죄의식을 느끼게 되었습니다.

그런데 그는 왜 이렇게 열심히 일을 하는 것일까요? 누구를 위해 회사에 가고, 무엇을 위해 그토록 기진맥진해질 때까지 일을 하는 것일까요?

물론 사랑하는 가족을 위해서일 겁니다. 그는 가족에 대한 사랑이 누구 못지않게 차고 넘치는 사람이었습니다. 그럼에도 미친 듯이 일에 떠밀려 다니는 것은, 내가 보기엔 자책감이 상당 부분 영향을 주었기 때문이었습니다.

지방에 있는 이름 없는 대학을 나와 어렵게 회사에 취직을 하고 5년이 지났습니다. 그는 자신이 남들에 비해 능력이 떨어진다는 걸 느꼈기에 온몸을 던지는 열정으로 부족한 부분을 만회하고자 했습니다.

그의 이야기를 듣던 나는 다짜고짜 이렇게 물어보았습니다.

"회사와 가족, 어느 쪽이 더 중요합니까?"

그는 1초도 쉬지 않고 대답했습니다.

"그야 당연히 가족입니다. 하지만 가족을 위해 이 정도 일을 하는 건 당연하지 않나요?"

"한 번 마음을 독하게 먹고 하루 동안만 아내를 육아와 가사에서 해방시키면 어떻겠습니까? 단 하루만이라도 말입니다."

그는 내 말을 알아듣지 못한 눈치였습니다. 그럼에도 불구하고 나의 끈질긴 권유에 마음을 바꾸고 다음 날 당장 유급휴가를 받아 아내에게 이렇게 제안했다고 합니다.

"여보, 항상 고마워. 오늘은 내가 아이를 돌볼 테니 친구들과 쇼핑이라도 갔다 와."

아내는 어리둥절한 표정을 지었지만 이내 그의 말에 따랐습니다. 그는 처음엔 육아 방법을 몰라 당황했지만 이윽고 아이와 함께 있는 시간이 얼마나 행복한지를 깨달았다고 합니다. 그날 그는 자신에게 가장 소중한 것이 무엇인지를 깨달았습니다.

일이 중요하지 않다는 말이 아닙니다. 직장은 생계를 위한 수단일 뿐이지 인생 자체가 되면 안 된다는 말을 하는 것입니다. 당신도 자기 삶의 우선순위를 정하고 실행해나가기 바랍니다. 그런 변화를 시도해보는 것만으로도 자책감의 덫에서 벗어나기 시작할 수 있을 것입니다.

엄마로서 실격이라고 생각하는 여성 이야기

딸에게 버릇처럼 화를 내는 행동에 강하게 자책감을 느끼는 여성이 있었습니다. 그녀는 자신은 엄마로서 실격이라고 항상 자신을 탓하며 지내다가 결국, 딸의 얼굴을 보는 것만으로도 자신을 원망할 정도가 되어 딸 앞에서 웃을 수 없게 되었다고 합니다.

그녀의 성장 과정에 대해 들어보니 아이 때부터 부모님의 사랑을 받은 기억이 없다고 했습니다. 부모님이 맞벌이로 집을 비우는 일이 많아서 홀로 청소년기를 보내야 했던 그녀는, 자신의 아이들에게 그런 경험을 주지 않겠노라며 딸이 태어나

자마자 전업주부의 길로 들어섰다고 합니다.

그럼에도 불구하고 남편과의 불화와 생각대로 잘되지 않는 육아에 스트레스가 차츰 쌓이다 보니 점점 딸에게 화를 내게 되었고 결국, 그 자책감은 상상을 뛰어넘는 것이 되었습니다.

애초부터 그녀는 '내 아이들을 외롭게 만들고 싶지 않다'라는 마음에 지금의 생활을 선택한 것이었습니다. 딸에게 화를 내는 것도 자신이 좋은 엄마가 되려고 지나치게 노력한 탓이 아니겠습니까? 과도한 사랑에서 나온 행동이 너무 지나치다 보니 자책감으로 비화한 것입니다.

나는 그녀에게 이렇게 말해주었습니다.
"100점짜리 엄마가 되려고 너무 노력한 것이 원인이니 조금 어깨의 힘을 빼고 '부족한 엄마'라는 사실을 용납하면 어떨까요?"

그녀는 당장 내 말대로 부족한 엄마 생활을 시작했지만 얼마 동안은 '이렇게 해도 될까?'라는 불안감이 엄습해왔다고 합니다. 그러나 딸과 함께하는 시간이 늘면서부터는 웃는 얼굴이 늘었다고 합니다. 그녀는 이렇게 말했습니다.
"나는 내 딸이 어렸을 때 나와 같은 경험을 하게 놔두고 싶지 않아 전업주부가 되었습니다. 그런데 오히려 딸을 혼자 내

버려두는 시간이 많아졌음을 깨달았습니다. 그런 자책감 때문에 정말 괴로웠는데 이제 딸과 같이 시간을 보내다 보니 즐겁고, 행복하고, 무엇보다도 딸의 행복한 얼굴을 많이 보게 되었습니다."

POINT

'뭐가 잘못된 것일까? 누가 나쁜 것일까?' 이런 생각을 그만두고 어떤 행동에 사랑이 있는지를 곰곰이 돌이켜보면 부정적으로 보이는 말과 행동의 이면에 존재하는 사랑을 느낄 수 있다.

37

자신을 받아들이고,
이해하고, 용서하라

내가 행복해져도 괜찮을까?

어느 날 한 번의 이혼을 경험한 여성이 상담을 받으러 왔습니다. 이혼의 원인은 그녀 자신의 불륜 때문으로, 그것을 눈치챈 남편이 먼저 헤어질 것을 선언했다고 합니다.

그녀는 어렸을 때 부모님이 이혼을 했기에 엄마와 둘이서 어린 시절을 지냈다고 합니다. 엄마는 밤낮을 가리지 않고 필사적으로 일하며 그녀를 길렀는데, 그러다 보니 집에 혼자 있는 시간이 길어져 계속 외로움을 느끼며 성장할 수밖에 없었습니다.

그러다 스무 살 때 열 살이나 연상인 남자와 결혼을 했는데, 그 남자는 일 때문에 출장이 너무 잦고 집안엔 도통 관심이 없는 사람이었다고 합니다. 남편에게 외롭다고 호소해도 일이 많으니 어쩔 수 없다며 참으라는 말만 돌아올 뿐이었습니다.

그러다 그녀에게 접근해온 남자를 만나면서 금방 마음을 주게 되었습니다. 그런데 그 남자도 가정이 있는 사람이어서 그녀의 외로움을 온전히 메워줄 수 있는 상황이 아니었습니다. 언젠가부터 그녀는 자신이 저지른 일에 대해 큰 자책감을 가지게 되었습니다. 그녀는 이렇게 말했습니다.

"이런 내가 행복해져도 괜찮을까요?"

아마 그녀는 자신에게도 수십 번이나 이렇게 물었을 것입니다. 그녀의 물음에 답하기 전 나는 그녀의 어린 시절 이야기가 더 듣고 싶어졌습니다.

어린 아이가 밤에, 그것도 혼자서 하염없이 엄마를 기다리는 상황이 그려지십니까? 천둥이 치거나 바람이라도 세게 불어 창문이 덜컹거리면 아이의 마음이 어떠했겠습니까? 매일 밤 혼자서 먹는 밥은 또 어떤 맛이었겠습니까?

그녀는 어른이 되어서 결혼한 뒤에도 어린 시절과 똑같은 경험을 반복했던 것입니다. 남편과 함께 있어도 어린 시절의 그 지독한 외로움이 떠오르는 날이 더 많았을지도 모릅니다.

가족끼리 사이좋게 길을 걷는 모습을 보거나 밝게 불이 켜져 있는 다른 집들의 창문을 보거나 할 때면 가슴이 조이는 듯한 기분이 들었다고 그녀는 쓸쓸히 말했습니다.

그럴 때 다가와주는 남자를 잘못임을 알면서도 뿌리칠 수가 없었던 것입니다. 어쩌면 어려서부터 그녀의 등을 떠밀었던 바위덩어리 같은 외로움이 그녀를 불륜의 수렁으로 밀어버렸을지 모릅니다.

자책감을 다룰 때는 '왜 그렇게 하지 않으면 안 되었는가?'라는 관점에서 바라봐야 합니다. 마음의 세계에는 법률도, 윤리도, 규칙도 없고 단지 그런 '감정'만 있을 뿐입니다.

다시 말해서 옳고 그름, 좋고 나쁨이라는 기준으로 판단하지 말아야 한다는 것입니다. 그 기준은 생각 안에 있는 것이지 마음 안에는 존재하지 않기 때문입니다.

그렇게 하지 않으면 안 되었기 때문에 그렇게 하고 말았다면, 당신은 그런 자신을 얼마나 탓할 수 있겠습니까? 이런 접근법을 심리학에서는 '수용과 이해'라고 말합니다.

상담을 맡은 나는 그녀의 이야기를 받아들이고(수용), 왜 그녀가 그렇게 하지 않으면 안 되었는지를 이해하고자 했습니다. 여기서 이해는 이성적이고 논리적으로 행해지는 게 아니라 감정적으로 바라보는 것이 핵심입니다.

그러면 그녀와 같은 심리 상태에 놓여 있다면 좋지 않은 일이라는 걸 머리로 알더라도, 누구나 비슷한 일을 저지를 수 있지 않을까 하는 결론에 이를 수 있습니다. 이러한 수용과 이해는 용서를 말함에 있어 매우 중요한 개념입니다.

많은 사람들은 표면적인 행동이나 태도로 좋고 나쁨을 판단하고 싶어 합니다. 그러나 그 행동의 이면에는 그렇게 하지 않으면 안 되는 사정이 잠들어 있는 경우가 많습니다. 자신이 하고만 일에 대해 우선 받아들이며 이해하고 나서야 비로소 자기 자신을 용서할 수 있는 여지가 생기는 것입니다.

POINT

사물을 옳고 그름으로 따지는 일은 이제 그만두고 마음에 눈을 돌려 '그렇게 하지 않으면 안 될 사정'을 생각해보자. 상황을 이해하게 되면 자신을 용서할 수 있게 된다.

제7장

그들은 어떻게
자책감에서 해방되었나?

내가 잘못한 게
아니다!

38

아버지와 관계를
회복한 아들 이야기

왜 보상받지 못하는 생활을 계속할까?

처음에 그를 만났을 때 너무나 얼굴이 창백해서 깜짝 놀랐던 일이 지금까지도 기억에 남아 있습니다. 백짓장 같이 하얀 얼굴에 표정이라곤 전혀 없는 모습은 살아 있는 시체라는 말이 떠오를 지경이었습니다.

사립중학교 교사인 그는 무척 성실하고 정성을 다해 학생들을 대함에도 불구하고, 전혀 인정받지 못하는 생활을 근근이 이어가고 있었습니다. 더구나 워낙 착한 사람이다 보니 모든 교사들이 회피하는 문제 학급의 담임이 되어 수업은 물론이고 방과 후에도 학생들을 돌보지 않으면 안 되는 상황에 몰려 있었습니다.

그런가 하면 경험이라곤 전혀 없음에도 축구부 코치까지 맡아서 토요일과 일요일에도 학교에 나와 아침부터 오후 늦게까지 아이들의 훈련을 봐줘야 하는 입장이었습니다.

이런 상황만 들어봐도 그가 학교에서 처해 있는 처지를 알 수 있었습니다. 다른 교사들이 싫어하는 업무를 모조리 떠안고 있으면서도 누구한테도 인정은커녕 칭찬 한 마디 못 받는 상황이었습니다. 그러기는커녕 오히려 당연하게 생각하는 사람들이 태반이었고, 그는 어쩔 수 없다는 듯이 허우적거리며 홀로 감당해나가고 있었습니다.

그를 처음 만난 것은 연말이 가까워질 때쯤이었는데, 그는 얼마 뒤에는 환경이 조금 나아질 거라며 희망 섞인 말을 전했습니다. 그러나 2개월 후에 다시 상담실로 찾았을 때는 예전보다 더 지친 표정을 지으며 너무 쉽게 생각했던 것 같다며 쓴웃음을 지었습니다.

축구부는 코치가 새로 오게 되어 부담이 조금 줄어들었지만, 이번에는 학생주임이 갑자기 퇴직하게 되어 그 자리를 떠맡게 되었다고 했습니다. 그리고 3학년이 된 문제 학급을 그대로 이어받아 다시 담임을 맡게 되었는데 이제는 아이들의 진로까지 생각해야 한다고 말하며 한숨을 내쉬었습니다. 그가 말했습니다.

"상황은 점점 가혹해지기만 하는데 몸이 견디는 게 신기할 따름입니다."

아버지의 기대에 부응할 수 없는 아들

여기서 그의 성장과정을 알아보기로 했습니다. 그는 삼형제 중 장남으로 태어나 초등학교 교사인 아버지 밑에서 무척 엄격하게 자랐다고 합니다. 어머니는 자녀교육보다는 자신의 취미생활에 더 몰두하는 분이라 외출하는 날이 많아서 오후가 되면 동생들과 보내는 경우가 많았습니다.

그런 환경이었기에 그는 필연적으로 착한 아이가 되어야 했고, 학교에서는 우등생으로 매년 반장을 맡는 등 모범적인 아이로 자랐습니다.

그러나 학교에서 아무리 높이 평가받아도 아버지는 아들을 결코 인정하지 않았습니다. 모든 시험 결과를 꼼꼼히 확인하면서 90점을 받았을 때는 왜 100점을 받지 못했느냐고 다그쳤고, 100점을 받으면 이번에는 때마침 문제가 쉬웠던 모양이라며 우쭐대지 말라고 윽박질렀습니다.

이런 상황에서 어머니는 아버지가 그런 식으로 아들에게 엄격하게 대할 때마다 관여하지 않겠다는 태도를 보이며 감싸준 적이 한 번도 없었다고 합니다.

그런데 그런 아버지가 동생들에게만은 한껏 부드러워서 시험 성적이 낮아도 화를 내는 일이 없었다고 합니다. 그런 상황이 계속되자 그는 점점 자신의 존재를 부정적으로 취급하게 되었던 것 같습니다.

"아버지가 내 존재만 부정하는 것은 내가 그만큼 쓸모없는 존재이기 때문일 거야. 아버지의 인정을 받기 위해서 더 노력하지 않으면 안 된다."

그런 각오와 노력 덕분에 그는 도쿄에 있는 명문대학에 합격했습니다. 우리 집은 돈이 없으니 국립대학 이외에는 보내줄 수 없다던 아버지의 말씀에 따라 국립대학에 입학하게 되었던 것입니다.

그런데 대학에 들어간 그는 그만 낙오자가 되고 말았습니다. 가만히 생각해보면, 그는 어쩌면 그 시절부터 거의 탈진한 상태가 되어 있었는지도 모릅니다. 중고교 시절을 너무 공부에만 매달려 지내다 보니 더 이상 공부에 전념할 수 없는 상태가 되었던 것입니다.

아버지는 아들이 변호사가 되기를 기대했지만, 그는 힘들게 교사자격증을 딴 뒤에 지금의 학교에 몸담게 되었습니다. 당연히 아버지로부터 "명문대학에 들어갔다고 생각했는데 이지경이냐, 너는 역시 실패작이야"라는 말을 들었다고 합니다. 그는 스스로를 탓하면서 이렇게 생각했다고 합니다.

'이게 모두 내가 나쁘기 때문이다. 내가 아버지의 기대에 부응할 수 없었던 탓이다.'

자책감 때문에 스스로 걸어들어간 비극의 수렁

나는 그의 이야기를 들으면서 화가 나서 견딜 수가 없었습니다. 그만큼 노력해서 분명하게 성과를 보였는데도 전혀 인정받지 못했던 그에게 나도 모르게 동정하게 되었고, 아들에게 냉정하기만 했던 아버지나 대책 없이 방치했던 어머니에게 정말 화가 났습니다. 그래서 그러한 기분을 그에게 전했더니 이런 답이 돌아왔습니다.

"그런 말씀은 감사합니다만, 전부 제가 나빠서 그런 것입니다. 저를 위해서 아버지가 고생을 하며 학비를 마련해주셨고, 어머니도 저를 잘 키워주셨습니다. 그런 헌신에 부응할 수 없었던 제가 나쁜 것입니다."

도대체 이렇게까지 착한 사람일 필요가 있을까요? 나는 그가 안타깝기만 했습니다. 이야기를 들을수록 그가 자책감이라는 감정에 짓눌려 계속 자신을 탓하고 있음을 알 수 있었습니다.

그 자책감 때문에 그는 아버지의 질책을 견디고 어머니의 차가운 시선을 받아들이면서 성장한 것이었습니다. 그리고 그 감정 때문에 더욱 가혹한 상황에 계속 불나비처럼 뛰어들었던 것입니다. 스스로 만든 비극의 수렁에 자진해서 들어가는 상황이라는 얘기입니다. 그에게 일어난 모든 일은 모두 필연이라고 할 수밖에 없었습니다.

그는 아버지가 기대하는 만큼의 성과를 낼 수 없는 자신에 대해 심한 죄책감을 느꼈습니다. 그래서 아버지가 그를 질책할 때마다 '내가 나쁘다, 내 탓이다'라는 자책감이 더욱 커져만 갔던 것입니다.

또한 어머니가 그를 차갑게 대할 때마다 '내가 착한 아이가 아니니 어머니가 나를 사랑해주지 않구나'라는 생각으로 더욱 큰 자책감을 떠안게 되었던 것입니다.

객관적으로 보면 그가 피해자라는 사실은 간단히 이해할 수 있습니다. 그의 부모가 이상한 사람들이지 그가 이상하다고 말할 사람은 없을지도 모릅니다.

그러나 한 발짝 떨어져서 이 문제를 바라볼 때, 그가 자기 스스로 만들어낸 자책의 감정 때문에 지금의 가혹한 상황을 불러일으켰다고 생각을 해야만 더 빨리 해결책을 찾을 수 있을 것 같았습니다. 그에게 이런 질문을 해보았습니다.

"당신은 왜 그렇게까지 노력하는 것입니까? 누구를 위해 그렇게 노력해온 것입니까?"

그는 이렇게 대답했습니다.

"나를 필요로 하는 학생들이나 동료교사들을 위해서입니다. 문제아들이 득실거리는 학급에서 고생은 하고 있지만 그만큼 보람도 크게 느낍니다. 학교가 나에게 기대를 하고 있으니 그런 학급을 맡긴 게 아니겠습니까? 아버지도 마찬가지일 것입니다. 나에게 기대하는 게 있기 때문에 그렇게 엄격하게 대한 것이겠지요."

매우 우등생다운 대답이고 현재 상황에 대해 말해주는 핵심을 찌르는 견해였지만, 그는 매사를 이런 식으로 해석함으로써 자신의 비극적인 상황을 긍정적으로 받아들이려고 애써온 것이었습니다.

하지만 그의 표정을 보고 그것은 단순히 생각에 지나지 않으며 그의 본심이 아니라는 사실을 알 수 있었습니다. 만약 그가 아버지나 학교의 기대에 부응하는 게 즐겁다면 생동감이 넘칠 것이고 지금의 상황을 마음껏 즐기지 않았겠습니까?

그러나 그는 대답과는 완전히 반대의 모습으로 앉아 있었습니다. 아무것도 관심이 없다는 듯한 무표정, 감당하기 어려울 만큼 무거운 짐을 짊어진 듯한 몸, 그 모든 것은 현재 처해 있는 그의 상황을 그대로 보여주는 것이었습니다.

그가 짊어진 짐들이 바로 자책감 그 자체이기에 그것을 어떻게든 덜어주어야 했고 그게 바로 내가 할 일이었습니다. 그래서 그에게 이렇게 큰 소리로 말해보라고 권했습니다.

"이제는 너무 힘들다! 이젠 더 이상 노력하고 싶지 않다!"

너무 힘들다, 더 이상 노력하고 싶지 않다

그는 처음엔 이해가 안 간다는 표정을 지었지만, 내가 하라는 대로 해보려고 시도했습니다. 그런데 막상 그 말을 뱉으려고 하자 왠지 입이 떨어지지 않는 모양이었습니다. 그가 한참을

우물거리다 어렵게 입을 열었습니다.

"도저히 못하겠습니다……."

그는 아이 때부터 자신에게 나약한 말을 내뱉는 걸 스스로 금지해왔기 때문에 자신이 힘들고 괴로워도, 그것을 인정할 수 없었던 것입니다. 왜냐하면 그것을 인정하면 아버지로부터 영원히 인정받을 수 없다는 걸 의미하기 때문입니다.

그는 아버지로부터 잘했다는 말을 듣는 걸 목표로 계속 노력해왔습니다. 그렇기 때문에 그 말을 듣지 못하는 한 노력을 멈출 수 없고 성과를 계속 낼 수밖에 없다고 믿는 것이었습니다.

"시간은 아직 많습니다. 그 말을 소리 내어 말해보세요. 책을 읽듯이 말해도 상관없어요."

그는 한참이 지나서야 마치 영어 단어를 한 글자씩 말하듯이 "이제…… 힘…… 들…… 다……"라고 나직하게 말했습니다. 처음엔 우물거리는 소리를 냈는데 좀 더 목소리를 높여 대화하듯 감정을 섞어 말을 꺼내려고 하면, 목이 잠겨서 소리가 다시 나오지 않았습니다. 그 정도로 그는 자책감으로 자신의 기분을 억압해왔던 것입니다.

10분, 15분, 20분이 지나갔습니다. 상담이 끝날 시간이 가까워졌지만 나는 계속 기다려주었습니다. 그러다 그가 마침내 결심을 한 듯이 자세를 고쳐 잡고 아랫배에 힘을 주고는 거의 소리를 지르듯이 말했습니다.

"이제는 너무 힘들다! 더 이상 노력하고 싶지 않다!"

이렇게 서너 번 큰 소리로 외치고 나서, 그는 눈물을 주르륵 흘렸고 온몸을 흔들면서 오열하기 시작했습니다. 그는 "미안합니다! 미안합니다!"라고 말하면서 오랫동안 울었습니다. 어릴 때부터 계속 쌓아두기만 했던 감정에서 드디어 해방된 순간이었습니다.

얼마간의 시간이 흐른 뒤에 그가 온통 눈물로 젖어버린 얼굴을 들고 나를 바라보았습니다. 얼굴이 빨갛게 상기되었고, 눈에는 잔뜩 힘이 들어가 있었습니다. 오랜 세월 쌓아두었던 감정을 벗어던지기 시작했다는 증거였습니다.

"괜찮습니다. 기분은 어떻습니까? 몸이 한결 가벼워지지 않았나요?"

"내게 무슨 일이 생긴 것일까요? 마음도 몸도 이렇게 가벼울 수가 없네요."

당연했습니다. 자책감이라는 껍질을 벗으니 너무도 홀가분해진 것입니다. 자책감이 무서운 것은 스스로를 심하게 억제하고 옴짝달싹 못하게 한다는 데 있습니다. 그는 그런 감정의 피해자였던 것입니다.

솔직하게 사랑을 표현할 줄 몰랐던 아버지

"당신의 아버지는 매우 엄격하게 아들을 대해왔지요. 당신은 그럴수록 아버지에게 인정받고 싶다는 마음 하나로 노력해왔고요. 아버지가 당신을 인정해주거나 칭찬해주거나 한 적이 정말 한 번도 없었나요?"

　아마도 방금 전까지의 그였다면 즉시 없다고 대답했을 것입니다. 그런 대답은커녕 오만상을 찌푸리며 강한 반감을 표현했을지도 모릅니다. 하지만 감정을 쏟아낸 후의 그는 다른 대답을 내놓았습니다. 잠시 생각에 잠겼던 그가 이런 이야기를 해주었습니다.

　"제가 졸업한 대학은 아버지가 어렸을 때 제일 들어가고 싶었던 대학이라고 합니다. 아버지에게 합격 소식을 전하자 언제나처럼 '운 좋게 합격한 것이겠지, 그런 일로 우쭐대지 마라!'라고 하셨지만, 그날 저녁식사에 제가 좋아하는 음식을 어머니께서 만들어주셨습니다. 아버지가 어머니께 따로 부탁했다고 합니다. 어머니는 물론이고 아버지까지도 식사를 함께하면서 축하한다는 말을 해주셔서 무척 기분이 좋았던 기억이 지금도 새록새록 떠오릅니다."

이 말을 하고 나서, 그는 다시 오열하기 시작했습니다. 아버지와 밥 한 끼를 함께 먹은 것이 인생에서 가장 행복한 기억으로 남았듯이, 그리고 그때 들었던 칭찬 한 마디가 지금도 가슴을 울리는 종소리가 되어 감동을 주듯이, 그는 그렇게 지금까지 아버지에게 인정받고 싶다는 마음 하나로 노력해왔습니다.

학교에서도 다른 교사들로부터 인정받기 위해 그토록 노력해온 것이었습니다. 인정받지 못하는 존재가 되지 않기 위해 스스로를 채찍질하면서 앞만 보고 달려온 것입니다. 그것은 결국 자책감을 무기로 그렇게 지속적으로 자신을 몰아붙였다는 얘기입니다.

이제 그는 엄격함 뒤에 숨어 있던 아버지의 참모습을 받아들일 수 있게 되었습니다. 아버지가 그렇게 엄격하고 완강한 태도를 계속 취하면서도 마음속으로는 아들을 진심으로 사랑하고 응원해왔다는 사실도 알게 되었습니다.

"당신의 아버지는 감정 표현에 매우 서툴렀을 뿐입니다. 당신을 사랑하지 않은 게 아니라 솔직하게 사랑을 표현하는 방법을 몰랐던 분이라는 얘기입니다."

그는 고개를 숙인 채 몇 번이나 고개를 끄덕였습니다. 아들에 대한 아버지의 사랑은 비록 보이지는 않았지만 그래도 언제나 그에게로 향하고 있었음을 알게 되었던 것입니다. 그가 얼굴을 번쩍 들고 지금까지와는 전혀 다른 생기 넘치는 얼굴로 말했습니다.

"실은 그날 먹은 음식이 지금도 제가 가장 좋아하는 것입니다. 그 음식은 아버지에게 인정받았다는 증거였기 때문입니다. 오늘은 집에 가는 길에 식당에 들러서 그 음식을 한번 먹어봐야겠어요."

그의 얼굴에는 오랜 숙제를 풀어낸 듯한 개운함이 함박웃음으로 드러나 있었습니다.

POINT

누군가에게 인정받지 못하는 것이 자신의 노력이 부족하기 때문이라고 믿으면, 자신에게 계속 벌을 주는 상황을 만들게 된다. 그런 압박감에서 벗어나려면 지나치게 인정받으려는 자세를 버려야 한다.

39

왜 나쁘다고 생각하는 일을 그만두지 못할까?

모두 네 탓이다
_____

결혼한 지 8년째인 한 여성이 자영업을 하는 남편의 문제로 상담을 하러 왔습니다. 반년 정도 전부터 남편은 작은 일에 화를 내고, 말수도 없어져 언제고 터져버릴 폭탄 같은 상황이라고 했습니다. 그러던 어느 날 이런 상황의 뚜렷한 이유도 모르면서 계속 눈치만 볼 수 없었던 아내는 남편에게 날을 세우고 날카롭게 구는 이유를 따져 물었다고 합니다. 그는 떨떠름한 표정으로 자신의 잘못을 인정하다가 갑자기 돌변하더니 이렇게 말하더랍니다.

"애초에 이게 전부 당신 탓이야. 걸핏하면 나에게 화를 내고 짜증을 내서 집에 들어오고 싶지 않았어! 결혼하고 지금까지 나는 계속 참기만 하고 당신에게 맞추기만 해왔어!"

이 말에 충격을 받은 그녀는 남편과의 관계를 어떻게든 돌리고 싶은 마음에 나를 찾게 되었다고 했습니다.

"남편을 추궁하고 싶은 마음을 억누르고 어떻게든 좋은 아내가 되어 그의 마음이 돌아오도록 노력했지만, 남편은 그만둘 기색이 없어요. 남편은 항상 짜증을 내면서 '나는 잘못이 없다, 전부 네 탓이다!'라는 태도를 취했습니다. 이제 저도 슬슬 이런 생활에 지쳐가고 있답니다. 어떻게 하면 좋을까요?"

지금까지 이 책을 읽은 독자라면 남편의 속내를 짐작할 수 있을 것입니다. 앞서 나는 '자책감이 강할수록 정당성을 고집한다'라고 강조했습니다. 그녀에게 이 부분을 힘주어 전달했습니다. 남편이 자책감을 느끼기 때문에 자신의 정당성을 더욱 힘주어 외쳐댄다는 말에 그녀는 믿기 어렵다는 표정을 지었습니다. 남편의 태도가 워낙 완강했기 때문입니다. 그녀가 물었습니다.

"그렇다면 그 사람은 왜 나쁘다는 걸 알면서 그만둘 수 없는 걸까요?"

남편의 이유 없는 투정에 치를 떠는 아내 입장에서는 당연한 질문입니다. 나는 이렇게 되물었습니다.

"그렇다면 아내 분은 그만두지 않으면 안 된다고 생각하는데도 그만둘 수 없는 일이 없습니까?"

그녀는 곰곰이 생각에 빠졌다가 이런 답을 내놓았습니다.

"사실 언제부턴가 밤에 샤워를 하고 난 다음에 아이스크림이나 과자를 먹는 버릇이 생겼는데 좀처럼 그만둘 수가 없습니다. 이런 것도 같은 상황이라고 볼 수 있을까요?"

"충분히 그렇다고 할 수 있습니다. 상황이 전혀 다른 이야기라고 생각하겠지만, 아주 흡사한 심리 상태입니다. 왜 아이스크림이나 과자를 먹는 걸 멈출 수 없습니까?"

"글쎄요, 스트레스 때문일까요? 하기 싫은 일이 있거나 짜증나거나 할 때 자주 군것질을 하는 것 같습니다."

서로 사랑하기 때문에 생긴 일

"그렇다면 남편에게도 뭔가 스트레스가 있을지도 모르겠군요. 어떤 스트레스인지 아시나요?"

"일이 너무 버겁다고 계속 힘들어했습니다. 매출이 예전 같지 않아서 직원들 월급을 주기도 빠듯하다고 했어요. 그런 면에서 스트레스가 몹시 크지 않았을까 생각합니다."

그녀가 이렇게 말하고 나서 한참 침묵을 지키다가 갑자기 이런 말을 보냈습니다.

"제가 남편의 힘든 상황에 전혀 도움을 주지 못한 것 같아요. 저 또한 직장에서 크고 작은 업무 스트레스에 시달리고, 퇴근하고 돌아오면 육아에 바쁘다 보니 남편과 허심탄회하게 대화를 나눈 적이 없었던 것 같아요. 대신 걸핏하면 짜증을 내곤 했지요."

심리학에는 '파트너끼리는 같은 감정으로 괴로워한다'라는 말이 있습니다. 저마다 계기나 느낌은 다르지만 남편이 외로울 때 아내 또한 외롭고, 남편이 자책감으로 괴로워할 때 아내 또한 자책감을 느낀다는 얘기입니다.

"두 분은 서로 같은 감정 때문에 괴로워하고 있습니다. 아내 분은 전혀 나쁘지 않습니다. 육아는 정말로 힘드니까요. 잘 견뎌내고 있는 것 같습니다. 그러니 거기에 어떤 죄도 없습니다. 남편도 한때는 그런 아내를 위해 협조해주었습니다. 하지만 자신의 일도 바쁘고, 아내에게 별로 도움이 안 되는 것 같아 자책감을 느꼈을지 모릅니다. 그래서 어느 순간 부부 사이에 원치 않는 벽이 생기고 만 것입니다."

그녀는 때로는 동의할 수 없다는 듯이 내가 말하는 중간중간에 미간을 찌푸리곤 했지만, 그래도 묵묵히 귀를 기울여주었습니다.

"남편은 자신의 마음에 난 구멍을 메우려고 안간힘을 쓰다 보니 화가 나는 일이 없는데도 화를 냈던 것입니다. 당신에 대한 미안함과 자책감으로 당신과 거리를 두기 시작했을 것입니다. 또한 본인이 하는 행동이 잘못된 것임을 알기에 괴로워하고 있을 뿐 아니라, 현재 이 상황이 아내를 더 괴롭게 한다는 것에 몹시 힘들었을 것입니다."

그녀의 눈가가 촉촉이 젖기 시작했습니다. 남편에게 까칠하게 대했던 행동을 후회하는 것 같았습니다.

"하지만 분명한 것은 서로 사랑하고 있기 때문에 괴로운 거라는 사실입니다. 만약 남편에 대한 애정이 없었다면 이혼을 결심하지 않았을 것입니다. 남편도 아내와 아이를 사랑하는 마음이 없었다면 오래전에 이혼하자고 말을 했을 것입니다."

"정말 남편이 저를 사랑하고 있을까요?"

"남편의 태도를 보면 자책감이 가득 차 있는 듯합니다. 자책감이 있다는 것은 그만큼 사랑도 있는 거라고 할 수 있습니다. 그러니 두 분의 마음속에 아직도 사랑이 남아 있다고 믿어 보지 않겠습니까?"

그녀는 어깨를 짓누르던 짐이 빠져나간 것 같다고 말하며 상담실을 나갔습니다.

"여러 가지 걱정을 끼쳐서 미안해. 사실 당신에게 상처를 줘서 계속 미안했어."

남편은 눈물로 사과했다고 합니다. 이 일을 겪는 동안 아내를 진심으로 사랑하는 자신을 발견했고, 잘못한 일에 대한 자책이 오히려 자신을 옭아매는 족쇄가 되어 도망가고 싶었다고 고백했다고 합니다. 나는 이 말을 듣고 그래도 진심으로 용서가 안 된다면 시간을 두라고 말했습니다. 하지만 그 뒤 두 사람은 화해를 하고 다시 한 번 시작하기로 다짐했다고 합니다.

두 사람의 경우는, 부부 사이에는 누가 먼저 이해하고 용서하느냐 하는 자존심의 싸움이 아니라 불화가 일어났을 때, 나 자신에게 문제가 없는지 먼저 돌아봐야 한다는 깨달음을 준 사례였습니다.

POINT

부부는 서로 똑같은 감정을 느끼며 괴로워할 때가 많다. 서로에게 자책감을 느끼고 있다면 각자 자신을 벌하기 때문에 괴로운 상황이 지속된다. 그럴 때는 이해를 바탕으로 용서하면 관계가 호전되기 시작한다.

40
나는 정말 행복해져서는
안 되는 사람일까?

사랑받고 있는데 계속 상대에게 상처를 준다

20대 중반의 여성이 상담을 받으러 와서 자리에 앉자마자 이렇게 입을 열었습니다.

"저는 이제 행복해져서는 안 될 것 같습니다."

그러고는 말을 잇지 못할 정도로 어깨를 들썩이며 울기 시작했습니다. 한참 후에 그녀가 다시 말을 이었습니다.

그녀에게는 4년 동안 교제했던 남자친구가 있었고 결혼도 약속한 사이였습니다. 그런데 3개월 전 그녀가 먼저 이별 통

보를 했다고 합니다. 그녀는 그가 정말 성실한 사람이고 뭐든 다 받아준 착한 남자인데 그에게 심한 상처를 주고 말았다며, 자신은 행복해져서는 안 될 것 같다는 자책감을 가지고 있었습니다. 이야기를 더 들어보니 그녀를 자책감의 노예로 만든 원인들이 줄줄이 나왔습니다.

- 매번 그를 무시하며 자신의 감정을 함부로 쏟아냈다.
- 그가 모처럼 선물한 물건을 눈앞에서 내동댕이쳤다.
- 데이트 당일에 자신의 기분에 따라 몇 번이나 약속을 취소했다.
- 그러다 보고 싶어지면 업무 중이라도 불러냈다.
- 그가 만들어준 음식을 맛이 없다고 먹지 않았다.
- 한두 번 그에게 비밀로 하고 예전 남자친구를 만난 적이 있다.
- 그가 해외출장 갔을 때 클럽에서 다른 남자들과 만나 놀았다.
- 결혼을 약속하고 부모님께 인사까지 했지만 스스로 깨버렸다.

그녀의 참회는 그밖에도 끝없이 이어졌습니다. 그녀는 자기 의지와는 달리 자꾸만 엇나가는 마음 때문에 남자를 괴롭히는 일을 반복했고, 그러다 남자가 행복해지기 위해서는 자신은 절대 행복해져서는 안 된다는 확신에 사로잡히게 되었습니다. 나는 그녀에게 이렇게 물어보았습니다.

"혹시 서로 성격이 맞지 않았던 건 아닐까요? 데이트를 하다보면 남자가 꽤나 재미없다고 느낀 적은 없나요?"

"그런 면도 없지는 않았어요. 그는 무척 착한 사람이지만, 자신의 의견을 말하는 사람이 아니기에 무슨 일이든 제가 결정했습니다. 조금 더 저를 이끌어주면 좋겠는데, 그런 점이 항상 불만이었습니다."

그녀가 남자에게 해온 일들은 확실히 좋지 않은 일이고, 어떤 남자도 그런 일을 당하는 걸 싫어할 것입니다. 하지만 남자는 그녀를 너무 좋아한 나머지 그녀가 어떻게 말하고 행동해도 묵묵히 참아줄 뿐이었습니다.

하지만 그것도 어느 정도에서 그쳐야지, 그렇게까지 심하게 행동한 데는 무슨 사정이 있을 것 같았습니다. 결국 그녀의 문제를 해결하는 데에는 그녀의 가슴속 깊이 박혀 있는 자책감의 원인을 찾아내는 일이라는 결론을 내렸습니다.

계속해서 문제투성이 남자를 만나는 여자

그녀의 부모는 사이가 좋지 않아서 얼굴만 대하면 싸웠다고 합니다. 엄마는 금전 문제, 직장 문제, 집안 문제로 아버지에게 불평을 했고 아버지는 그때마다 차분한 설명 대신 벼락같이 화를 내며 집안을 난장판으로 만들곤 했답니다.

아버지가 집에 들어오지 않는 날들도 많았는데, 장녀인 그녀는 그런 아버지에 대한 엄마의 불평불만을 귀에 못이 박히도록 들으며 자랐습니다. 엄마가 터뜨리는 불만에는 아버지에 대한 문제뿐만 아니라 시댁 식구들, 친정 식구들, 심지어 동네 여자들까지 두루 포함되어 있었습니다.

그러다 기분이 몹시 나빠지면 엄마는 아이들에게 이렇게 말했습니다.

"너희들만 없었으면…, 나는 벌써 이혼을 했을 거다!"

그 말에 어린 시절의 그녀가 얼마나 깊은 상처를 받았을지 상상이 갔습니다. 그럼에도 그녀는 엄마를 열심히 위로하고 최대한 성실하고 명랑하게 굴었다고 합니다. 엄마에게 걱정을 끼치지 않도록 착한 아이로 악착같이 살았던 것입니다.

그렇다고는 해도 그렇게 보내는 하루하루가 너무나 힘들었기에 소녀 시절의 그녀는 하루 빨리 집을 벗어나 자립하고 싶다는 생각만으로 가득했다고 합니다.

그녀는 고등학교에 들어가면서부터 갑자기 심한 반항기가 왔다고 합니다. 엄마가 그녀의 복장이나 행동에 대해 꼬치꼬치 간섭했기 때문이었습니다.

조금 짧은 치마라도 입으면 "어린애 주제에 그 복장이 뭐야? 남자라도 생겼니?"라며 상스러운 말을 아무렇지도 않게 내뱉었고 학교가 늦게 끝나서 저녁 무렵에 귀가하면 온갖 상소리를 쏟아내어 엄마와 말싸움을 하지 않는 날이 거의 없었다고 합니다.

당연히 성적은 뚝뚝 떨어지고, 결석하는 일도 잦았다고 합니다. 그런 중에도 빨리 집에서 나가고 싶다는 생각은 더욱 간절해져서 간호사가 되기로 마음먹고 열심히 공부해서 마침내 그녀는 간호사가 되었다고 합니다. 결국 엄마의 속박으로부터 벗어나게 된 것입니다.

그런데 이상하게도 그녀가 사귀는 남자들은 하나같이 문제투성이였다고 합니다. 엄마의 속박에서 이제 겨우 빠져나왔는데, 이젠 이상한 남자들 사이에 끼어서 허덕이게 되었던 것입니다. 그중에는 걸핏하면 주먹을 휘두르는 남자도 있었다고 합니다. 그러다 중학교 동창인 지금의 남자를 만나게 되었고, 결혼을 전제로 사귀기 시작했던 것입니다.

남자의 애정을 계속 시험하는 여자

그녀가 살아온 이야기를 듣다 보니, 그녀가 사이가 좋지 않은 부모를 어떻게든 부여잡으려고 노력해왔다는 사실을 알게 되었습니다. 거침없이 쏟아내는 불만을 들어주었던 것도 엄마를 위로하고 싶었기 때문이었습니다.

하지만 엄마는 조금의 변화도 없이 주위사람들에 대한 불만을 터뜨릴 뿐이었습니다. 언젠가부터 그녀의 마음에 자신의 힘으로 엄마를 도울 수 없다는 무력감이 싹트기 시작했고 그 싹은 무럭무럭 자라 자책감이라는 나무가 되고 말았습니다.

"너희들만 없다면……"이라는 어머니의 말은 비록 본심은 아니었겠지만 딸에게는 깊은 상처를 주었습니다. 자신의 존재 자체를 부정하는 말로 인해 그녀의 마음속에는 '태어난 것이 잘못된 건가?'라는 아픔과 서운함, 그와 동시에 자신의 존재에 대한 자책감을 갖게 되었습니다.

'나 같은 아이는 없는 편이 좋구나. 나 같은 사람은 사랑받을 가치가 없구나.'

이런 생각이 그녀의 마음속에 깊이깊이 새겨지게 된 것입니다. 그 때문에 자기 자신을 하찮은 존재, 구제불능, 누구에게도 좋은 대우를 받지 못하는 사람으로 취급하게 되었습니다.

우리는 성장과 함께 '관념'이라 부르는 의식을 갖게 됩니다. 그것은 '나는 이런 존재'라는 믿음이자 '이런 식으로 하면 상처받지 않는다'라고 자기 자신에게 부과하는 규칙이기도 합니다.

그녀는 자책감을 껴안고 살면서 '나는 사랑받을 리가 없다'라는 관념을 강하게 갖게 된 것입니다. 바로 그런 이유로 그녀는 자신을 사랑해주지 않을 만한 사람들만 만나게 된 것입니다. 과거의 문제투성이 남자친구들이 바로 그들입니다.

그녀가 만나온 남자들의 일면은 그야말로 파란만장 그 자체였습니다. 계속 문제만 일으키면서 그녀에게 기대기만 하는 못난 남자, 허세만 부리며 다른 여자들과 놀아났던 남자, 폭언을 뱉고 폭력까지 휘두르는 남자…….

그녀는 이런 쓸모없는 만남을 지속하면서 '나 같은 여자는 사랑받을 리가 없다'라는 관념을 더욱 두텁게 쌓아왔던 것입니다. 그녀에게 연애는 자신의 무가치함을 재확인하는 절차에 지나지 않았다는 얘기입니다.

바로 그럴 때 그 남자를 만나게 된 것입니다. 그는 인내심 있게 그녀의 말을 들어주는 상담사 같은 존재이자, 동갑이지만 안심하고 어린아이처럼 굴어도 되는 오빠 같은 사람이었습니다.

'나는 사랑받을 리 없다'라는 관념에 사로잡혀 있는 그녀를 남자가 그런 식으로 착하게 대하면, 그녀는 어떻게 생각하게 될까요? 잃어버렸던 자신의 자존감을 되찾아 새로운 사람으로 거듭나면 좋겠지만, 불행하게도 그녀는 계속 그의 사랑이 진짜인지를 시험해보고 싶어집니다.

"정말로 나를 사랑해? 그럼 이 벽을 뛰어넘어 봐!"

이렇게 생각하면서 남자를 시험할 만한 일들을 계속 만들어 내게 됩니다. 그런 식의 행동들은 사실은 자책감이 지피는 불장난과 같습니다.

'나는 사랑받을 리가 없다'라는 관념에 강력하게 사로잡혀 있는 그녀를 자책감은 그에게 사랑을 받을 때마다 그것을 부정하는 태도를 취하게 만들어야 직성이 풀리는 상황으로 몰아붙인 것입니다.

그에게 심한 말을 하고 난 뒤에, 그녀는 자신의 잘못을 깨달으며 사과한 적이 한두 번이 아니었습니다. 그때마다 그는 괜찮다며 그녀를 품어주었지만, 그녀는 스스로를 용서할 수 없었고 자책감은 더욱 쌓여가기만 했습니다.

그러면 그녀는 방금 전의 사과도 잊어버리고는 엄마가 아버지에게 했던 것처럼, 또한 과거의 남자친구들이 그녀에게 했던 것처럼 그에게 폭언을 뱉거나 불평을 터뜨리곤 했습니다. 이쯤 되면 심한 자책감에 빠져 있는 사람들의 심리상태가 얼마나 기복이 심한지를 알 수 있을 것입니다.

문제는, 그녀도 이런 사실을 인식하고 있었다는 사실입니다.
"어느 순간 나는 어머니와 같은 짓을 하고 있었습니다. 그런 내가 너무 싫어서, 그래서 그의 곁을 떠나고 싶어졌습니다."
그녀는 어머니를 무척 싫어했습니다. 그런데 그런 어머니와 똑같은 행동을 하고 있다니, 그녀는 자신이 죽을 만큼 싫어지게 되었다고 합니다.
"그가 착하게 대할 때마다 나는 추궁받는 듯한 기분이 됩니다. 마음 한구석에서 '왜 이 남자는 화를 내지 않지? 왜 이 남자는 나를 책망하지 않지?'라는 물음표가 나를 못살게 굽니다."
그렇기 때문에 결혼 날짜가 정해지자 크게 기뻐하는 남자와는 완전히 다르게 그녀는 함께 있는 게 너무 괴로워져서 이별 이야기를 꺼내게 된 것입니다.

그녀의 인생 이야기를 듣고 있자니 그녀를 탓할 수만은 없겠구나 하는 마음이 들었습니다. 나는 그녀에게 이렇게 말해 주었습니다.
"당신은 하나도 잘못한 게 없습니다."

그러면서 어린 시절의 가혹한 환경 탓에 그 남자의 애정이 무서워서 어쩔 수 없었던 것이라고 말해주었습니다.

"스스로 의식하지는 못했겠지만 그를 시험하려는 마음도 어쩔 수 없었던 것입니다. 애초부터 그와 만나기 전까지 당신을 받아들이고, 이해하고, 진정으로 사랑한 사람들이 거의 없었으니까요. 그러니 당신이 그런 태도를 취한 것도 사실은 어쩔 수 없었던 일입니다."

그녀가 정말로 돕고 싶었던 사람은

이제 내가 그녀와의 대화에서 가장 중요한 핵심이 될 이야기를 해야 할 시간이 왔습니다.

"그에게 엄마와 똑같은 행동을 한 이유가 뭐라고 생각하나요? 내 생각엔, 당신은 엄마를 너무도 사랑했던 것 같아요. 왜냐하면 그렇게 오랫동안 힘들게 엄마를 지탱해왔으니까요. 매일같이 엄마가 늘어놓는 불평에도 불구하고 그녀를 위로해오지 않았습니까? 엄마가 무너지지 않도록 지탱해준 것, 그거야말로 사랑이 없으면 할 수 없는 일이니까요. 하지만 그런 엄마를 도저히 도울 수 없어서 당신은 무력감과 자책감을 안게 되었던 겁니다."

평생을 엄마를 원망하며 살았는데, 오히려 마음속으로는 엄마를 몹시도 사랑했던 것이라는 나의 말에 인정할 수 없다는 듯이 그녀가 흐느껴 울기 시작했습니다. 내 말은 이렇게 계속되었습니다.

"당신은 진정으로 엄마를 돕고 싶었지요. 당신이 얼마나 엄마를 사랑하고 있는지 알고 있나요? 엄마를 너무 사랑하기 때문에 자신도 모르게 엄마 흉내를 낸 것인지도 모릅니다. 왜냐하면 엄마가 왜 그렇게 괴로워했는지를 가장 잘 이해하기 위해서는 데칼코마니처럼 엄마와 똑같은 행동을 할 수밖에 없으니까요. 그렇기 때문에 그 남자에게도 엄마와 똑같은 짓을 했던 것입니다. 그 착한 남자는 과거의 당신이었어요. 이제 당신은, 엄마가 평생을 끌어안고 살았던 엄청난 자책감을 이해할수 있을 겁니다. 엄마는 당신에게 불평이나 불만을 쏟아내면서도 지금의 당신과 똑같은 기분이었을 것입니다. 얼마나 엄마가 괴로웠을지 이제 이해할 수 있지 않습니까?"

그녀의 흐느낌은 이제 통곡으로 바뀌었습니다. 엄마를 너무 사랑한 나머지 엄마와 똑같은 인생을 살아온 그녀. 그리고 그 자책감으로 인해 자신을 사랑해주는 사람을 받아들 수 없는 상황까지, 모든 것은 엄마의 삶과 판박이였던 것입니다.

"그 사람은 나 때문에 그렇게 심하게 고생해왔는데, 어떻게 하면 좋을까요?"

흐르는 눈물을 닦아내지 않고 그녀가 물었습니다. 나의 대답은 간단했습니다.

"그를 만나서 진심으로 사과하세요. 만약 그 사람에게 미련이 남아 있고 아직도 여전히 마음 깊이 사랑하고 있다면 다시 시작하자고 말해보세요."

그녀는 그렇게 했습니다. 자신의 과거 이야기를 하는 동안, 남자는 진심으로 마음 아파하며 평생 그 아픔을 닦아주겠다고 말했다고 합니다. 다음은 여러분이 상상하는 그대로입니다.

POINT

> 엄마를 너무 사랑한 나머지 엄마와 똑같은 인생을 살려고 하면서 과거의 자신과 같은 모습의 남자를 만나 엄마와의 관계성을 재현하려는 심리구조를 이해할 수 있다면, 당신은 자책감으로부터 해방되어 자신을 행복하게 할 수 있는 방법을 이미 알고 있는 것이다.

41

사랑하는 사람의 자책감을
어떻게 위로할까?

자책감 때문에 중독에 빠진 사람들

한 여성이 남편과의 관계를 상담하러 찾아왔습니다. 결혼한 지 4년째. 간절히 아이를 원하지만 남편이 너무 바빠서 전혀 그런 관계가 될 수 없다는 게 문제였습니다.

벌써 1년 넘게 전혀 육체관계를 갖고 있지 않다니, 그들은 전형적인 섹스리스(Sexless) 부부였던 모양입니다. 그녀는 이제 30대 중반에 접어들고 있어 출산에 대해 조급해지지 않을 수 없는 상황이었습니다.

경영 컨설턴트로 일하는 남편은 매일 밤늦게까지, 심지어 휴일도 없이 일하는 전형적인 일중독자였습니다. 남편은 결혼 전 MBA 자격증을 따기 위해 낮에는 회사에 매달리고, 밤에는 야간대학에 다닐 정도로 열심히 사는 등 이래저래 10년 가까이 이런 회사생활을 했는데, 결혼 후에도 그 생활을 계속하고 있었던 것입니다.

그녀는 남편의 심신 상태를 걱정해서 조금이라도 몸에 좋은 음식을 준비하거나 편히 쉬라고 집안을 꾸미는 등 최선을 다해 남편을 보살펴주며 일을 줄이라고 권고했지만, 남편은 전혀 업무량을 줄이려고 하지 않았습니다.

항상 뭔가에 쫓기는 듯 불안한 얼굴을 하고 있고, 한시라도 마음에 여유를 갖지 못하고 쫓기듯 살아가는 그의 수면시간은 매일 서너 시간 정도. 게다가 잠을 자면서 가위눌리는 일도 많아서 남편에 대한 그녀의 걱정은 끝이 없었습니다.

"남편의 부모님은 어떤 분들인가요?"

나는 이렇게 질문하면서 남편의 성장 과정을 조금은 알 것 같았습니다.

"남편이 어렸을 때, 아버지는 오랫동안 실업자로 지내면서 알코올중독으로 매일 술을 마시고 가족에게 폭언을 일삼는 분이었다고 해요. 어머니는 그저 묵묵히 참아내면서 아르바이트를 하고 그 돈으로 가족을 부양했던 모양입니다. 그러고 보니 부모님이 웃고 있는 얼굴을 한 번도 본 적이 없다고 남편이 말한 적도 있어요."

그는 집안의 장남으로 불쌍한 어머니에게 폐를 끼치지 않기 위해 어릴 때부터 계속 착한 아이로 지냈다고 합니다. 하나 있는 동생도, 결국 그가 부모님 대신 돌보며 지냈다고 합니다.

대학에 다닐 때도 아르바이트를 계속해서 부모님의 짐을 덜어주려고 노력했다고 합니다. 그녀의 말을 듣자니, 남편이 매우 강한 자책감을 안고 있는 사람이라는 걸 알 수 있었습니다.

이 책을 여기까지 읽어온 분이라면 이미 알겠지만 그는 어머니를 도울 수 없다는 무력감에 시달리면서 다른 사람들에게 절대 폐를 끼치지 말아야 한다고 다짐하며 계속 착한 아이로 살아왔을 것입니다.

평생을 무위도식하면서 자기 자신을 할퀴는 삶을 이어갔던 아버지를 구할 수 없다는 자책감도 그의 마음속에 자리 잡고 있었을지 모릅니다. 아버지는 알코올중독이었지만, 그는 일에 중독되어 있는 상태입니다. 대상은 다르지만 똑같은 상태의 '의존증'에 빠져 있는 것입니다.

그의 어머니가 인내하는 타입이었듯이, 그의 아내인 그녀도 그를 묵묵히 지켜보기만 할 뿐입니다. 그래서 그를 도울 수 없다는 사실에 아내 또한 자책감의 덫에 빠지고 만 것입니다.

나는 나대로 행복해져도 된다

"남편을 돕고 싶지만, 내가 무엇을 해야 할지 모르겠어요. 할 수 있는 것들을 전부 해보았지만 아무 진전이 없고, 다른 방안도 떠오르지 않아서……. 저는 정말이지 아무짝에도 쓸모없는 여자인 것 같아요."

나는 텅 빈 듯이 공허한 그녀의 얼굴을 바라보다 이렇게 말해주었습니다.

"우선 당신부터 자책감에서 벗어날 필요가 있습니다."

자책감은 유착관계를 형성합니다. 남편이 무거운 십자가를 짊어지고 있다면, 그 옆을 지키는 아내도 마찬가지로 십자가를 짊어지고 있는 것입니다.

물론 그 모든 건 그녀가 그를, 그리고 그가 그녀를 사랑하고 있기 때문에 일어나는 일입니다. 따라서 나는 그러한 유착관계를 떼어버리라고 제안했습니다. 나는 그녀에게 다음과 같이 긍정적 자기암시를 위한 구호를 외치라고 권했습니다.

"나는 나, 남편은 남편! 나는 나대로 행복해질 수 있고, 그는 그대로 행복해질 수 있다! 나는 그의 선택을 응원하고, 그의 선택을 지지한다! 나는 나대로의 행복이 중요하다!"

이것은 유착관계를 떼어놓고 자기중심적인 삶이 될 수 있도록 하는 방법이기에, 매일 계속해서 복창하면 기대 이상의 효과를 볼 수 있습니다.

혹시 그녀와 흡사한 상황에 처해서 자신을 쓸모없는 사람이라고 보는 생각에 붙잡혀 있다면 위에 제시한 문장을 큰 소리로 말해보기 바랍니다. 그녀에게 나는 이렇게 덧붙였습니다.

"극단적으로 말하자면, 남편 분은 자기 멋대로 일중독자의 길을 선택한 것이니 나와 상관없다고 할 정도의 마음이면 좋겠습니다. '그는 일을 택했으니, 나는 내 삶을 택하겠다!'라고 선언하라는 말입니다."

조금 냉정하게 들릴지 모르지만, 나는 유착된 두 사람을 떼어놓기 위해 일부러 더 차갑게 말을 했습니다.

"자기중심적인 삶이 될 수 있도록 남편과 상관없이 당신이 좋아하는 일을 해보세요. 스스로 웃을 수 있는 일을 찾아서 매일 하나씩 실행해보세요."

남편을 향한 마음이 강하면 그에 대한 생각이 항상 머릿속을 지배하게 됩니다. 그렇게 되면 자신에 관한 일들은 뒤로 미루는 '자기상실 상태'에 빠지고 맙니다.

서로 자신이 하고 싶은 일에 전념한다

그 후, 그녀는 예전에는 남편에게 미안해서 도저히 할 수 없었던 일들을 마음먹고 시도하기 시작했습니다. 단지 친구들과 점심약속을 잡거나 예전부터 취미였던 일을 다시 시작하거나, 가끔 친정에 가는 매우 일상적인 것들에 지나지 않은 일이었습니다. 그간 자기 삶에 애를 쓰는 남편에게 미안한 마음이 들어 언제부턴가 그녀도 금욕생활에 들어가 있었던 것입니다.

두 번째 만났을 때, 그녀는 지난번보다 표정이 훨씬 밝아진 듯이 보였습니다. 그녀는 최근 들어 웃을 일이 늘어났다고 했습니다. 그때까지는 남편 앞에서 억지로 웃는 표정을 지었지만, 이제는 자연스럽게 웃는 일이 늘었다고 합니다.

자책감이라는 감정은 웃는 얼굴조차 스스로에게 허용하지 않습니다. 그렇기에 웃을 수 있게 되었다는 것만으로도 자책감의 멍에를 조금씩 떨쳐버리고 있다는 증거가 됩니다. 바로 그 시점에 나는 그녀에게 남편의 자책감을 위로하는 방법을 몇 가지 전하기로 했습니다.

- **고맙다는 말을 최대한 자주 전할 것**
  감사는 상대의 자책감을 녹이는 효과가 있다.

- **사랑한다는 말을 자주 전할 것**
  언제나 주기만 하고 받는 일이 서툰 남편이니 이런 말은 때에 따라 그에게 부담을 줄 수도 있지만, 그런 부담이 있더라도 분명히 효과가 있다.

- **자주 칭찬할 것**
  이것도 애정 표현과 마찬가지인데, 상대를 인정하고 응원하는 말로써 의외로 기대 이상의 반응을 볼 수 있다.

그런 다음 나는 다음과 같은 이미지 워크를 알려주었습니다.

~~~~~~~~~~~~~~~~~~~~~~~

눈을 감고 항상 괴로운 듯이 끙끙거리는 남편의 얼굴을 떠올려보세요.
마음속으로 그의 얼굴을 부드럽게 만져줍니다.
당신의 손에서 따뜻한 빛이 나와서 당신이 만지는 곳마다 소리 없이 빛나는 광경을 상상하십시오.
그리고 그 빛이 천천히 그의 몸속으로 스며들어갑니다.
당신의 손에서 나온 그 빛은 자애롭고 사랑이 넘칩니다.
당신이 그를 만질 때마다 그 사랑이 그의 속으로 스며들어 가는 모습을 느끼게 됩니다.

이제 그의 몸이 조금씩 작아지고 어른에서 청년으로, 청년에서 소년으로 점점 변해갑니다. 그리고 소년은 어느새 천진난만한 어린아이가 됩니다.

그 아이를 조용히 안아주십시오. 어떤 표정을 하고 있습니까? 자고 있습니까? 아니면 눈을 뜨고 있습니까?

아이에게 목욕을 시켜줍니다. 아이에게 딱 알맞은 수온입니다. 이제 아이의 몸을 부드럽게 정성을 다해 씻어줍니다.

그리고 부드러운 수건으로 감싸서 그 몸을 닦아주고 깨끗한 옷을 입혀줍니다.

당신이 살며시 안아주면 그 아이는 당신의 가슴속에서 쌕쌕 잠들기 시작합니다.

편하고 안심된다는 표정으로 자고 있는 모습을 단지 지켜만 보십시오.

이제 서서히 그 아이의 몸이 어른으로 되돌아갑니다.

당신은 그를 살며시 침대에 눕히고 이불을 덮어줍니다.

소년에서 청년으로, 그리고 어른으로 성장해서 지금의 그로 돌아왔습니다.

온화하고, 편안하게 깊은 잠에 빠진 그를 그려보십시오.

그의 머리를 쓰다듬어주며 천천히 의식을 현재로 되돌려보십시오.

　　이런 식의 이미지 워크는 우선 아내의 자책감을 위로하는 데 도움이 될 수 있습니다. 또한 자신이 남편을 도울 수 있다는 자신감을 심어주기도 합니다. 정말로 신기하게도 아내가 이런 방식의 이미지 워크를 계속하다보면 남편에게도 변화가 찾아올 것입니다. 부부는 보이지 않는 곳에서 끈끈하게 이어져 있기 때문입니다.

마음속 해피엔딩을 찾는 법

그녀는 자기 나름으로 하루하루를 즐기게 되었기에 점점 자신감을 찾아갔습니다. 그렇게 한 달 정도가 지났을 때, 남편이 뜻밖에도 일찍 귀가해 이렇게 말했습니다.

"혼자 있게 해서 미안해. 이번 휴일에 온천이라도 갈까?"

실은 남편의 업무 때문에 너무 바빠서 신혼여행도 미뤘었고 여행이라고 해도 연말에 1박으로 친정에 다녀온 것이 고작이었습니다. 그는 인터넷으로 적당한 거리에 있는 온천과 숙소를 찾아내 예약을 했고 다음 휴일에 당장 출발했습니다.

그런데 남편은 오랜만에 여유를 찾은 탓인지, 아니면 피로가 몰려든 탓인지 온천으로 향하는 열차 안에서도, 그리고 숙소에 도착하고서도 그저 잠만 잤습니다.

하지만 그녀는 전혀 재미없다고 느끼지 않았습니다. 그의 잠든 얼굴이 자신의 이미지 워크 속에서 본 바로 그 모습이었기 때문입니다. 그리고 그가 그녀를 전부터 오고 싶었던 온천에 데려왔으니, 그에게 사랑받고 있다는 사실도 느낄 수 있었습니다. 그녀는 그를 방에 두고 혼자서 온천에 몸을 담그거나 산책을 하면서 여행을 만끽했습니다.

그날 밤, 두 사람 사이에 무슨 일이 있었는지는 말하지 않아도 알겠지요? 1년 후에 나를 다시 찾아온 그녀는 이번에는 기쁨의 눈물을 흘리며 내게 감사의 인사를 전했습니다.

"제가 지금 임신 5개월째랍니다. 남편도 이제는 예전만큼 일에 빠져 살지 않고 가정이 먼저라며 저에게 잘해주고 있어요. 돌이켜보면 문제의 시작은 저에게 있음을 알게 되었고, 거기서부터 해답을 찾으니 의외로 빨리 길을 찾을 수 있었어요."

알코올에 의존했던 아버지와 일에 의존했던 아들 사이에 가로놓여 있던 자책감의 그늘을 걷어내는 일은 그렇게 그들 부부의 삶을 바꿔놓았습니다. 정말 행복한 해피엔딩이었습니다.

POINT

부부관계가 좋지 않을 때 상대를 탓하는 것은 가장 단순한 접근이지만 크게 도움이 되지 않는다. 상대방을 이해하고 자신 안에 있는 사랑을 바탕으로 행동하면 서로의 관계가 놀랄 만큼 바뀔 수 있다.

당신은 지금 그대로
행복해도 된다

자책감이라는 감정은 우리를 행복하지 않게 하기 위해 마음속에 갖가지 덫을 쳐놓는 악당과 같습니다. 하지만 그 이면에는 반드시 사랑이 있고, 그 사랑이 있기 때문에 파생되는 감정이라고도 할 수 있습니다.

그렇기 때문에 자책감을 제거하기 위해 술이나 도박, 불륜 같은 일탈에 빠지기보다는 이 감정과 잘 어울릴 수 있는 방법을 터득하는 편이 행복의 지름길이라고 할 수 있습니다.

자책감에 포커스를 맞추면 자신이 행복해도 된다고 느낄 수 없지만, 의식의 방향을 조금만 바꿔보면 거기에 사랑이 있음을 알 수 있습니다. 그런 깨달음만 있으면 우리는 곧바로 행복을 느낄 수 있습니다.

나는 한 사람의 심리학자로서 자책감의 이면에 숨어 있는 사랑의 존재를 깨달아주었으면 하는 마음에 이 책을 썼습니다. 그것은 자책감이 있든 없든 당신은 지금 그대로의 모습으로 행복해질 수 있다는 사실을 알아주었으면 하는 마음이기도 했습니다.

자책감 때문에 자신을 강하게 벌할 때, 당신의 소중한 사람들은 당신의 고통스러운 모습을 보면서 슬퍼하고 괴로워합니다. 소중한 사람들의 고통스러운 마음을 받아들일 수 있다면, 당신은 자책감이 아닌 사랑에 눈을 돌려서 그 사랑에 감사할 수 있고, 곧바로 행복해질 수 있다는 얘기입니다.

오랜 기간 상담과 강연을 통해 행복해지기 위해서 어떻게 해야 하는지를 생각해왔습니다. 나의 답은 이것입니다.

"당신은 지금 그대로의 당신인 채로 충분히 행복해질 수 있습니다."

상대를 위해 당신이 할 일은 의식의 포커스를 자책감이 아닌 사랑으로 그 대상을 바꾸는 것입니다. 이 책에서는 그 일을 위한 생각법이나 행동법을 소개하면서 될 수 있는 한 많은 사례들에 지면을 할애했습니다. 그런 이야기들로부터 당신이 어떤 영감을 얻어 실천하거나 효과를 실감할 수 있게 된다면 더 바랄 것이 없겠습니다.

자책감으로부터 벗어나면 이상할 정도로 마음이 가벼워지고, 주변의 풍경이 밝아 보이며 긍정적인 기분이 자연스럽게 들어 지금 여기에 있는 것에 대한 기쁨과 감사의 마음이 넘치게 됩니다.

당신이 지금보다 훨씬 행복한 인생을 보낼 수 있도록 항상 응원하겠습니다. 이 책을 쓰는 데 도움을 주신 분들, 항상 응원해준 독자 여러분, 그리고 일상의 여러 상황에서 기쁨과 배움을 느끼해주는 가족들에게 다시 한 번 감사의 마음을 전합니다. 오늘도 나는 여러분 덕분에 살아갑니다. 감사합니다.

옮긴이 이정은

고려대학교를 졸업하고 일본 히토쓰바시대학(一橋大學) 대학원에서 석사학위와 '한일 근대의 인쇄 매체를 통해 나타난 근대여성 연구'라는 주제로 박사학위를 받았다. 현재 일본에서 대학강사로 활동하고 있다. 번역서로 《만만하게 보이지 않는 대화법》, 《도망치고 싶을 때 읽는 책》, 《곁에 두고 읽는 니체》, 《라이프 Life》 등이 있다.

나를 괴롭히는 자책감이 사라지는 책

신개정판 1쇄 인쇄일	2021년 02월 26일
신개정판 1쇄 발행일	2021년 03월 05일

지은이	네모토 히로유키
본문 일러스트	고타로 다카야나기
옮긴이	이정은
발행인	이지연
주간	이미숙
책임편집	정윤정
책임디자인	이경진, 권지은
책임마케팅	이한주
경영지원	이지연

발행처	(주)홍익출판미디어그룹
출판등록번호	제 2020-000332 호
출판등록	2020년 12월 07일
주소	서울시 마포구 독막로18길 12, 2층(상수동)
대표전화	02-323-0421
팩스	02-337-0569
메일	editor@hongikbooks.com

ISBN   979-11-9142-010-4 (03180)

※ 이 책은 《나를 용서하지 못하는 나에게》의 신개정판입니다.